LEGAL
EDUCATION

法学教育
改革探索
文集

江凌燕 缪锌 杨帆 涂强 ■编著

知识产权出版社
全国百佳图书出版单位

图书在版编目（CIP）数据

法学教育改革探索文集/江凌燕等编著. —北京：知识产权出版社，2016.6
ISBN 978-7-5130-4215-4

Ⅰ.①法… Ⅱ.①江… Ⅲ.①法学教育—教育改革—中国—文集 Ⅳ.①D92-4

中国版本图书馆 CIP 数据核字（2016）第 119504 号

内容提要

本书为四川省教育厅 2013 年省级专业综合改革试点项目"四川理工学院法学专业综合改革试点"建设项目（项目编号：030101K）成果。全书收集了四川理工学院法学院·知识产权学院法学教学团队及骨干教师在法学专业综合改革中对法学教育改革的探索和心得论文近 20 篇，研究涉及法学教育，从教育理念、教育管理，到具体的部门法学教育模式、理论教学、实践教学以及课程考试的不同环节，较大程度地反映了地方高校尤其是以基层复合型、应用性法律人才为培养目标的地方理工科高校在法学专业综合改革与发展中，在卓越法律人才培养计划背景下所面临的瓶颈和急需解决的问题，以及应当选择和坚持的路径。

　　　责任编辑：张　珑

法学教育改革探索文集
FAXUE JIAOYU GAIGE TANSUO WENJI

江凌燕　缪　锌　杨　帆　涂　强　编著

出版发行： 知识产权出版社 有限责任公司		网　　址：http：//www.ipph.cn	
电　　话：010-82004826		http：//www.laichushu.com	
社　　址：北京市海淀区西外太平庄 55 号		邮　　编：100081	
责编电话：010-82000860 转 8574		责编邮箱：riantjade@ sina.com	
发行电话：010-82000860 转 8101/8029		发行传真：010-82000893/82003279	
印　　刷：北京中献拓方科技发展有限公司		经　　销：各大网上书店、新华书店及相关专业书店	
开　　本：720mm×1000mm　1/16		印　　张：11.25	
版　　次：2016 年 6 月第 1 版		印　　次：2016 年 6 月第 1 次印刷	
字　　数：153 千字		定　　价：35.00 元	

ISBN 978-7-5130-4215-4

江凌燕，女，四川自贡人，1981 年 8 月出生，四川理工学院法学院·知识产权学院副教授，法学硕士，兼职律师，仲裁员。长期担任刑法学、法律逻辑学等法学主干课程的教学工作，四川理工学院优秀教师。独立发表《论单位行为犯罪化范围的扩大》《行政强制执行程序违法与非法利益的法律冲突》等学术论文近 20 篇，其中多篇发表于全国中文核心期刊，编著《知识产权法专题与判解》等多部教材，主持并参与"新刑事诉讼法背景下基层司法机关在刑事被害人救助上的作为研究"等省市级科研项目 10 余项。为地方政府和企事业单位的人才培训与决策咨询做了大量工作，多项研究成果被地方政府机构及司法机关等部门采纳。

缪锌，男，四川自贡人，1979 年 11 月出生，四川理工学院法学院教学办副主任，讲师，硕士研究生。四川省知识产权教育培训（四川理工学院）基地常务副主任。主要研究司法制度和法学教育，在方法论上以多学科的综合研究为特色。参与四川省社科规划项目 1 项，省级科研项目 4 项，主持地市级项目 3 项。发表学术论文 30 余篇，获得省市奖励 5 项。

基，助推社会发展与历史更替。常燕生曾指出："中国的起死回生之道，就是法家思想的复兴，就是一个新法家思想的出现。"又如陈启天所言，近代中国出现了法家复兴的倾向，此种倾向"是要将旧法家思想之中可以适用于现代中国的成分，酌量参合近代世界关于民主、法治、军国、国家、经济统制等类思想，并审合中国的内外情势，以构成一种新法家的理论。"梁启超主张"法治主义对于其他诸主义（如人治主义），最为后起，而最适于国家的治术"。晚清法学界大家的沈家本着眼于当世"法治主义"流传天下、行诸世界的大潮大势，力陈变法，推明法典。"人治之不能久，而法治之可以常也。"然而，在近代历史时期之革命岁月，法治与革命对立，要革命就不能搞法治，无法无天、造反有理所支撑的是法律虚无主义的思想。新中国成立以后，我国的法治建设取得了一定进步。党的十五大确立了"依法治国"基本方略，十六大将"依法治国基本方略得到全面落实"纳入全面建设小康社会重要目标，十七大提出加快建设社会主义法治国家，十八大报告中强调，法治是治国理政的基本方式，要提高领导干部运用法治思维和法治方式深化改革、推动发展、化解矛盾、维护稳定的能力。

从不同的角度、在不同的历史文化背景下，法治有不同的含义。然而抽丝剥茧，较多研究者认同古希腊哲学家亚里士多德的说法，"法治应包含两重意义：已成立的法律获得普遍的服从，而大家所服从的法律又应该本身是制订得良好的法律"。这不仅抓住了法治的最核心的内涵，而且具有极大的包容性。

法治对于中国政治、经济、文化、社会、生态文明的建设及民生的改善与推动而言，绝不是表面化的一句"口号"，而是切实的必然选择。事实上，在人类历史上，法律作为社会的调控手段得以确立，就曾经历过一个艰难、漫长的过程。在此之前，宗教和道德都曾作为替代法律的手段登过场。但社会的文明史证明，聪慧的人类最终还是理性地选择了法治。因为只有法治，才能满足政治民主和社会进化的同步需求，才能在政治安定、社会发展和民生保障的价值中求得和谐与平衡。因此，只有坚守和践行法治，确立宪法和法律的权威地位，才能保障人权和公民利益，也才有可能保证法律面前人人平等，实现公平正义与社会和谐。

国家要发展，社会要进步，就必须循着民主与法治之路而行，但未来中国的法治之路究竟应该怎么走，如何走得更加稳健，都需要我们共同的探索与坚守。法治中国的发展之路，在经历了过去数十年的曲折发展道路和近些年来的不懈探索前行后，它的前景、路径已经变得愈加清晰明亮了。法治中国，正是我们的理性选择和共同目标。

法治是提高执政能力和社会治理能力，建设"法治中国"的重要目标。回顾我们已经走过的历程，无论是市场经济体系的培育与发展、公共权力的设置与运行、社会公正的构建与体验，还是公民诉求的表达与实现，都须臾缺少不了法治的基础。尤其是近些年来，国民经济持续平稳发展，人民生活水平的不断提高以及推动和谐社会的构建，更离不开法律制度和社会公平规则的恩泽。而政府信息公开、公民私权保护、死刑适用限制、劳教制度废除等，同样也都是我国民主政治演进中法治建设不断向前推进的一系列成果。

法治之坚守首推树立宪法和法律至上。树立法律信仰，常怀法治理想；敬畏法律权威，慎用手中权力；坚守法律底线，做法治忠诚卫士。坚守职业良知和法治信仰，永葆政法队伍忠于党、忠于国家、忠于人民、忠于法律的政治本色。

坚守法治，须内化于心。这就要求我们必须心中有法、办事合法、合法办事、权之以法。心中有法，即学习与谙熟法律于心；办合法事，即合法则可行，不合法则缓行禁行。合法办事，即欲办之事合乎法律法规之实体与程序规则，不得逾越法律半步，更不能以言代法、以权压法、徇私枉法。权之以法，即不允许以言代法，不论任何人的言论，那怕是"金口玉言"，也不能代法；不允许以权压法，不是法服从权，而是权服从法。在法律面前，不论谁手中的权力多大，都是人人平等，不允许徇私枉法。以彰显法治之限制权力、保护权利的精髓：对于权力而言，法无授权即禁止；对于权利而言，法无禁止即自由。法治重在治权、重在治官。

坚守法治，须外化于行。这就要求我们必须坚守决策依法、依法办事、遇事找法、解决问题用法、化解矛盾靠法。决策依法，我们做任何决策都要从法律的角度去分析、去思考、去解决，把自己的思维方式建立在法律的基础上，自觉地把自己的决策行为置于法律的约束之下，确保每一个决策，不仅要突显经济效果、社会效果，还要突显法律效果。办事依法，兼顾法律实体与程序，解决工作中出现之矛盾和问题，方能以法服众，以法说话，以法育人，切实推动各项工作的开展。因而我们要在实际工作中注重改进工作方式，努力把运用行政手段、经济手段推动工作转移到运用行政、经济、法律手段并举推动工作上来，重点要突出法律手段的作用，不断提高依法治理、依法行政的能力。

法治之每一次推进，每一步前行，都会面临人治的挑战甚至强权的阻力。现代法治所蕴含的追求公平、捍卫人权、维护法治、反对特权、独立司法等价值，都会触及某些个人或者集团敏感的神经乃至既得利益。倡导法治、建立规则、践行法治，就是要打破不合理的利益格局，这不仅需要有专业的知识，更需要有坚定的信念和"敢于碰硬"的胆略。

践行法治，须厘清权力与法律的关系。树立对宪法和法律的敬畏与信仰，以宪法和法律为行为准则，树立法律面前人人平等、制度面前没有特权、制度约束没有例外的意识，正确对待和行使权力，带头遵守宪法和法律，做秉公用权、奉公守法的模范。

践行法治，须厘清权力与权利的关系。当前，权力的傲慢与被信仰而推崇权力绝对化以招致权力异化与腐化进而危及权力公信力，权利过度渲染与义务被掩饰而将权利绝对化导致影响社会秩序的良性运行。为此，践行"让市场法无禁止即可为、让政府法无授权不可为"之规则与要义，是我们的不二选择。

践行法治，须厘清政策与法律的关系。党的政策和国家法律都是人民意志的反映，在本质上是一致的。我们在改革中，要善于通过法定程序使党的主张成为国家意志、形成法律，通过法律保障党的政策有效实施。党的政策成为国家法律后，实施法律就是贯彻党的意志，依法办事就是执行党的政策。不能以政策代替法律甚至让政策高于法律，不能以推行改革为由破坏法制统一。但改革也常需打破旧制，如果法律确实不合时宜，应当通过法定程序修改法律，不能把法律视为敝屦而另搞一套。任何改革发展，都必须要有制度约束，不得突破法治框架，否则就可能出现"改革"变为"革命""以言代法、以权压法、徇私枉法"的后果。

践行法治，须坚持依法决策。在想问题、作决策、办事情的时候，要想一想是否有法律依据、是否符合法定程序。从完善、落实制度入手，不断提高各项事业法治化管理水平，努力以法治凝聚改革共识、规范发展行为、促进矛盾化解、保障社会和谐，实现社会治理从无序到有序、从有序到规范、从规范到法治，实现法律效果与政治效果、社会效果的统一。

践行法治，须履行"一岗双责"，勤廉兼行，始终做到慎独、慎微、慎初、慎欲，自重、自省、自警、自律，防微杜渐，警钟长鸣。勤者，政之所要；廉者，政之本也。不廉无以立身，不勤无以成事，勤而不廉要出事，廉而不勤要误事，不廉不勤更坏事。

践行法治，须提升法治文化建设。法治国家和法治社会必然要有自己的法治文化。法治文化是未来中国的先进文化，是一种基本的、普遍的"生活样式"，而不仅仅是某个领域或某个层面的特殊职能，力戒将法治单纯的形式化、手段化和部门化。法治文化的打造，必然最终依赖、表现于法治精神在生活实践的方方面面、时时处处的贯彻和体现。越是在健全的法治社会里，尽管法律很复杂、详尽甚至烦琐，在人们一切都照规矩办事的情况下，"人"就似乎越显得简单、朴实、直率，社会的道德风气也并不很差；而越是在法治不到位、法律法规简单划一、大家都不在意法律规则和程序，一切全凭个人良心和智慧甚至凭个人"关系"办事的社会环境中，"人"就越显得复杂、曲折、机心过重，相互攀比和防范越多，而社会的道德风气越难以掌握。这其中内含的道理与精神在于"法治精神"或"法治理念"，集中表现为对民主程序化、规范化的规则体系的高度重视、充分尊重、不懈追求、科学构建、自觉恪守、坚决维护、切实践行。

　　坚守和践行法治，我们在路上。

吴　斌

目 录

法学教育的嬗变与科学发展①

吴　斌②　缪　锌

摘　要： 经济全球化、服务国际化和人才国际竞争的冲击，给教育特别是高等教育带来了巨大挑战。伴随国家治理模式变化导致的"治理技术"调整，法律人才的需求被提到了重要位置。法学教育伴同国家现代化建设进程而展开，在此过程中，法学教育的满负荷、超常规的发展却又不能很好地满足经济社会发展的现实需要，这对我国法治建设进程有力而顺利的推进产生了重大影响。本文通过对中国法学教育历史发展的梳理，反思我国法学教育存在的问题和缺陷，提出我国法学教育必须以科学发展观为指导，坚持以人为本，认真对待高等法学教育存在的实际问题，改善既有的人才培养模式。

关键词： 法学教育；回顾；反思；科学发展

自 1158 年名为"波伦亚"的第一所法科大学在意大利诞生以来，法学教育已伴随人类度过了 850 多个春秋。从 1180 年作为大学基本学科和主要基石的法学教育相伴的第一所真正意义上的综合大学——巴黎大学诞生以来，法学教育走过了 830 余年轮。八百多年的法学教育不但为大学的繁荣和

---

①　本文曾发表于《中国法学教育研究》2009 年第 2 期。
②　作者简介：吴斌，（1964—），男，四川安岳人，法学教授，四川理工学院院办主任，知识产权学院院长，四川省法学会知识产权法学研究会会长，主要研究方向为民商法学、知识产权法学。

发展立下了汗马功劳，而且为人类经济社会发展提供了规范与保障支持，不但促进了人类社会的文明进步，而且促使法学教育模式与特色的渐进形成，为社会培养了大量的法律人才。中国法学教育历史悠久，源远流长，早在春秋战国时期就有了私塾性质的法学教育，到汉唐时期有了相当的发展，直至清末民初开启了正规的、职业化的法学教育。新中国成立后，法学教育获得了长足的发展，取得了显著的成就，但是其发展道路充满着曲折和不断探索的过程。为此，理性地认识我们已经走过的道路，总结我们已经取得的成功经验，正视我们面临的挑战，在科学发展观的引领下，科学地规划中国未来高等法学教育，是我们必须面对的历史任务。

一、法学教育的回顾

我国法学教育经历的历程大致有以下四个阶段。

（一）引进初创阶段（1949—1957年）

新中国成立之初，为了适应人民民主专政的国家政权建设和人民民主法制建设的需要，政府一方面专门设立了一批政法学院，另一方面在一些综合性大学开办了法律学系，同时从苏联引进法学教材，聘请了一批苏联法学教师任教，使我国的法学教育一开始就得到了较快较好的发展。但是，好景不长，从20世纪50年代中期受"左"倾思潮影响，要"人治"不要"法治"的思想蔓延在大江南北，法制建设处于停滞和倒退状态，法学教育遭遇了新中国第一个"严冬"，法学教育急剧萎缩和衰败。

（二）遭受挫折阶段（1958—1977年）

20世纪50年代后期，在极"左"思潮促推下，特别是20世纪60年代中后期的"文化大革命"，致使全国仅有北京大学和吉林大学两所大学的法律系存在，法学教育遭到了全面的破坏。

对接现实经济、政治、文化、社会发展的实际情况，遵循教育规律，解放思想，更新教育观念，在稳定法学教育基本制度的前提下，逐步调整法学教育的定位及其与之相适应的培养方案、课程体系设计，以促进法学教育的科学发展。

（二）以人为本是法学教育科学发展的核心

教学以学生为主体，办学以教师为主体。这"双主体"决定了教育不可或缺的两个方面——学生和教师，而教师在教育中占据着主要的作用。反观我国法学教育的师资队伍，并不令人乐观。许多教师都没有受过严格的法学学术训练，学术传统不够，学术竞争和学术批判几乎没有；许多教师的知识和知识结构老化，又缺乏自我更新的学术能力；许多教师从学校到学校，没有经过专门的法律实务训练，缺乏法律程序、技能等方面的知识和经验；部分教师受法律服务市场的诱惑和吸引而分散了学术关注和教学努力；相当一部分教师的综合人文、社会科学知识欠缺和学术素养不高，但由于社会的尊重，高校教师又自视甚高；在高校强调科研工作的问题上，部分教师不能圆满完成教学任务，如此等等。"教师问题"制约着法学教育的发展。因此，加强师资队伍建设是促进法学教育科学发展的核心，我们认为，应当从以下几个方面来进行：一是加强师资队伍教育教学观念的转变，培育专业化和职业化的师资队伍；二是加强师资队伍培训，优化学历结构，不断更新知识结构；三是加强师资队伍学术交流，强化学术修养，提升学术水平；四是大力实施专兼结合的教师队伍建设，聘请司法实务界专家参与法科学生培养，满足法科学生职业化培养要求，提高法科学生职业化培养水平。

（三）人才培养的合理定位是法学教育科学发展的关键

法学教育承载着人才培养的重要任务：一是适应司法改革的需要，为立法、司法、法律服务、法律监督等法律职业部门培养大批高素质的法律人才；二是培养一批与法官、律师、检察官等职业相配套的从事法律辅助工作的应用型法律职业类人才；三是适应实施依法治国方略的需要，面向全社会和各行各业培养大批既具有法律专业知识，又具有本行业专业知识能力的复合型人才。为此，要促进法学教育的科学发展，必须要合理地定位人才培养目标，即定位在培养"法律人"上。所谓法律人，即由法律职业的特殊性和法律执业活动的基本特点所决定的法律职业的基本要求的职业者。"法律人"必须具备法律职业的基本资质，一是具备思想道德素质、文化素质、专业素质和身体素质等四个方面统一的基本资质；二是必须掌握法律学科基本的知识体系；三是应当具备法律职业基本的职业素养；四是必须掌握法律职业的基本技能。概括而言，法学教育培养的"法律人"，首先要解决好做人的问题，即培养学生树立社会主导的价值观和价值取向、具有现代理性精神和养成独立的法律人格；其次就是解决好做事的问题，即满足学生从事法律职业的基本需要，培养学生从事法律职业必须具备的基本知识、职业素养和职业技能；再次就是要加强思维方法训练问题，即应当培养学生掌握一种多维度的科学的思维方法、分析方法、学习方法和学术研究方法，以新的教育理念培养新型人才，调动学生的能动性、自主性和创造性，使之具有宽广的胸怀、未来的眼光、丰富的想象力、获取新知识的渴望以及创造的欲望[9]。

（四）社会需求的适时应对是法学教育科学发展的力量

人才需求与国家和社会发展是紧密相连的。在国家创立时期，需要的是民族英雄和远见卓识的政治大家；在国家建设时期，需要的是技术官员和技术精英；而在国家管理时期，则需要法治精英。就我国而言，伴随经济体制、政治体制和司法体制改革的不断深入，高素质的法律人才与管理人才、经济人才共同构成社会急需的主干人才。不同的时代决定了时代对主干人才的需求。法律人才的培养必须与时代需求相一致才有生存基础和发展的动力。当下，法治社会主要经由法律来治理；社会整合应通过法律实施和实现；立法政策和法律必须经由民主程序制定；法律必须建立在尊重和保障人权的基础之上；法律必须具有极大的权威性；法律必须具有稳定性；法律必须有连续性和一致性；法律必须平等地保护和促进一切正当利益为其价值目标；法律应能有效地制约国家权力，防止国家权力的失控与异变；法律应力求社会价值的平衡与互补，力求社会的和谐与稳定。在法治社会，法学教育应与法治社会所需求的"法律人"相一致，即培养的"法律人"应当树立立法为公、执法为民的职业宗旨，追求真理、维护正义的崇高理想，崇尚法律、法律至上的坚定信念，认同职业伦理、恪守职业道德的自律精神，应当成为尊重和遵守旨在维护秩序、保障公正、促进效率、实现自由的法律规则的模范，成为抵制和监督一切违法行为、捍卫法律尊严和神圣的英雄[10]。面向21世纪，法学教育肩负着培养"依法治国"需要的人才，不仅要为立法、司法、法律服务和法律监督等法律部门服务，而且要面向全社会培养建设社会主义法治国家所需要的各类高层次、高素质的法律人才。可以说，法学教育不与社会发展和国家建设需要合拍，注定会走向死胡同，法治建设也不可能实现。当然，法治社会建设在对法学教育提出了新的更高的要求的同时，也为法学教育的改革发展提供了新的机遇和发展空间。

（五）教学模式的和谐建构是法学教育科学发展的基础

教学模式的和谐建构，主要包括四个方面的内容。

一是培养方案的科学设置。根据经济社会对人才的需求和教育部对法学教育课程设置的统一部署，遵循法学教育规律和学生认识规律，按照着力构建完整的法学体系的原则，科学、合理地设置好法科学生的"素质课""专业基础课""专业课"和"三大平台课程"的理论课以及法学实践课。二是教学内容的科学性与合法性。教师是我国法治教育的主要力量，其培养的是将来为国家法治建设建功立业的接班人，应本着高度负责的精神，培养学生的爱国精神，激发学生的民族自豪感，因此不但必须熟知我国现实的法律制度,而且还必须对我国现行的法律制度报有起码的尊重和敬畏之心。在课程内容的讲授上,就必须以我国现有的法律制度为基本框架,以我国现有的法律和法律制度为讲授的重点,以外国的法律和法律制度为必要的背景、补充和参照,用理性的态度、冷静的思考、平和的口吻指出和讨论我国法律和法律制度设计中的缺点和不足。三是教学方法和手段的和谐构建。在教学方法上,综合运用诊所式、案例式、讨论式、辩论式、讲授式、模拟式、观摩式等方法实施法学教学。在教学手段上,运用现代科技成果,实施多媒体教学与传统教学的结合。在教学艺术上,教师摆正自己的位置,当好"导演",让学生成为"演员",成为教学的主体。四是专业知识与人文社科知识、思想政治教育与职业道德教育相结合,达到既教书又育人,培养合格的社会主义的建设者和接班人。

参考文献

[1] 中国法学教育改革与发展战略课题组. 21世纪中国法学教育改革与发展战略研究报告(讨论稿)[R]//2001年9月北京中国法学会法学教育研究会成立大会暨学术研讨会资料. 2.

[2] 苏力. 法治及其本土资源[M]. 北京:中国政法大学出版社,1996:312.

[3] 周一平,周郴保. 论新时期法学教育的改革[J]. 甘肃政法学院学报,2002(5):81-88.

[4] [美]波斯纳. 法理学问题[M]. 苏力,译. 北京:中国政法大学出版社,1994:532-534.

[5] 苏力. 法治及其本土资源[M]. 北京:中国政法大学出版社,1996:303-304.

[6] 梁治平. 法律的文化解释[M]. 北京:生活·读书·新知三联书店,1995:6.

[7] 甄贞. 诊所式法律教育在中国[M]. 北京:法律出版社,2002:64.

[8] 张文显. 中国法学教育的若干问题[J]. 中国法学教育通讯,2007.

[9] 霍宪丹. 法学教育的重新定位[N]. 检察日报·法学院,2008-11-25(24).

[10] 张文显. 21世纪的中国法学教育[N]. 检察日报·法学院,2008-11-25(18).

服务性学习指领下基层应用型法律职业人才培养机制研究

——以四川理工学院为例①

吴　斌　缪　锌

摘　要：伴随法治建设进程，国家对法律职业化人才的需求日益增多。服务性学习理念下的法律职业化人才培养，应明确法学教育兼有理论教育与职业训练，改进培养方案，促使学生明确学习目标，在服务社会过程中反思所学法律理论知识，提高学习积极性、主动性和社会适应性，增强社会认知，提升就业竞争力。并且要密切高校与实务部门合作，努力打造双师型队伍，实现法律人才培养与地方经济社会发展的对接。

关键词：服务性学习；法律职业化；人才培养

引言

国家法治建设步伐的加快，一方面对法律职业化人才的需求日益增多，另一方面又对法律人才素质提出了更高要求。社会的需求是人才培养的"晴雨表"。"法学就不能脱离实际而进行孤立的理论教育，法学教育也不仅是单纯的知识传授和学术培养，而且是一种职业训练，应当教授法律职业者必备的技能和素质"[1]。法学教育的固有属性要求它与法律职业紧密地联

---

①　本文曾发表于《中国法学教育研究》2013 年第 2 期。

道德教育的重视程度却不够，从法科学生的培养方案和现实所开课程来看，基本上没有涉及这方面的内容，即使有也是浅尝辄止，距离从事法律职业和社会的要求还甚远。

（四）重规模效应轻质量提高

与西方国家相比，我国的法学教育没有统一的教育总体规划和质量要求，普遍存在着重视规模效应而轻视培养质量的现象，于是速度与效益、质量之间的矛盾便日益突出。

（五）重素质教育轻职业教育

从高校的法学培养理念、方案和课程体系设计来看，普遍存在着定位上偏差，不管有没有师资、有没有条件，一概地都要求法科学生专注精深的法学理论，为未来从事法律工作打下坚实的理论基础。而对于从事法律工作所必须的职业知识、执业技能、执业技巧、职业道德等方面的教育与培养却显得欠缺，重视不够，从而导致法科学生毕业后虽怀揣司法资格考试通过证却难以迅速适应法律实务工作的尴尬现象。

（六）重知识评价轻能力素质评价

法学教育应当是一种素质教育。这种素质教育的核心是培养学生的自主意识和独立思考的能力。但传统的考核方式维护了教师的"权威"和"话语霸权"，学生的主体性严重缺失，不利于培养学生独立而健全的人格，无助于提高学生学习的积极性、主动性和创造性，更别说培养学生对法治理念的信仰了[5]。

（七）重法学学习而轻社会需求

法学教育培养的人才终究是为社会经济发展服务的，社会经济发展的情境决定了法律人才培养。当代中国日益融入全球结构之中，同时，中国社会大转型的现实和依法治国的发展方略在客观上对法学人才的属性与规格提出了新的要求。抱残守缺、迟滞保守的法学教育与此要求相去甚远。"只了解法律学问而缺少了社会常识，那是满腹不合时宜，不能适应时代的需要，即不能算作法律人才。"[6]

(八) 重目标一致而轻特色发展

全国 600 多所高校开办了本科法学专业，办学思路与定位基本相同，人才培养目标缺乏鲜明个性。2006 年中国教育绿皮书中"高等教育发展形势与政策分析"指出："高等教育尚不能很好地满足社会需求，这一点，通过毕业生就业反映出的矛盾就极具典型意义。一方面，科教兴国和知识经济社会迫切需要拔尖创新人才和原创性成果，制造业大国对应用型人才有着旺盛的需求；另一方面，毕业生就业难，办学模式趋同又难以有根本性的改观。"这对于法学办学思路与法学教育的评价也是适用的。从法学院（系）的法律人才培养方案的审视来看，不管是综合性院校还是专业性院校，不管是中央部属院校还是地方性院校，都缺乏与自身办学历史、学科专业设置、师资队伍建设以及与所处地域经济社会发展相适应的法学教育特色，仅重视国家人才培养的基本要求，缺乏富有本校特色的法律人才培养定位。

三、服务性学习指领下基层应用型法律职业人才培养的必要性

(一) 法治建设对法律职业人才培养的需要

亚里士多德曾对法治做过经典的论述，他指出，"法治应包括两层意义：已经成立的法律获得普遍的服从，而大家所服从的法律又应该本身是制定良好的法律[7]"。法治目标的实现既需要法律制度的完善与更新，更需要法治精神的培养与塑造。法治建设和市场经济建设是我国治国兴帮的两

大工程。法治建设的基本要求就是"有法可依、有法必依、执法必严、违法必究"，市场经济是法治经济，需要有法律规制。法治建设过程，很大程度上取决于作为社会主体的人的积极性、能动性和创造性能否得到更大程度的发挥，离不开人的作用。"法治社会的构建是法律职业者运用理性、积淀人类精神的结果。"[8]法学教育担当起法律职业专业化、职业化的重任。从根本上说，法学教育问题关系到能否培养出符合法治社会建设需要和人的自身发展需要的合格的人才。"法治的精神意蕴在于人对法的神圣信仰。"法学教育对法治的最根本的、最直接的贡献就是对法治的中坚力量——"人"的法律信仰的培育。法学教育所应发挥的知识传递、整合与创新、训练和提升法律技能、养成和改善法律思维方式、培育法律职业道德等价值的最终的目的，在于使学生树立牢固的法律信仰。法学教育培育法律信仰，其实质就是在基于知识、技能、思维和道德全面培养的前提下而达至的一种理想的综合状态——法治人格的塑造[9]。法学教育培养法律职业人才，是法治建设的直接要求和必然结果。一方面，法律职业群体为维护法治秩序，要坚决抗衡政治势力和其他势力的非法干预，只有这样才能使法律和法律活动具有相当程度的稳定性和极大的权威性，满足法治建设的需要。另一方面，法律职业群体是法律基本理念——公平、正义的守护神，是法治社会建设的重要力量，在推动法治建设过程中起着重要的作用。正如季卫东教授所说，"一套学识性很强的法典体系，一套合理操作性很强的理论体系，再加上一大批资质精良、训练有素的法律专业人才，这才是高效率的法治秩序所不可缺少的前提"[10]。

（二）深化教学改革，满足人才培养质量的需要

教育部教高［2007］1号文件《关于进一步深化本科教学改革全面提高教学质量的若干意见》进一步提出：①要深化教育改革，提高教育质量，着力培养有理想、有道德、有文化、有纪律的大学生，要努力提高大学生的学习能力、创新能力、实践能力、交流能力和社会适应能力，深化教学

内容改革，建立与经济社会发展相适应的课程体系。②要坚持知识、能力和素质协调发展，继续深化人才培养模式、课程体系、教学内容和教学方法等方面的改革，实现从注重知识传授向更加重视能力和素质培养的转变。③推进人才培养模式和机制改革，着力培养学生创新精神和创新能力；创造条件，组织学生积极开展社会调查、社会实践活动，参与科学研究，进行创新性实验和实践，提升学生创新精神和创新能力；高度重视实践环节，提高学生实践能力。④大力加强实验、实习、实践和毕业论文等实践教学环节，特别要加强专业实习和毕业实习等重要环节，推进实验内容和实验模式改革与创新，培养学生的实践动手能力、分析问题和解决问题能力。

《国家中长期教育改革和发展规划纲要（2010—2020 年）》指出：①高等教育承担着培养高级专门人才、发展科学技术文化、促进社会主义现代化建设的重大任务。②提高质量是高等教育发展的核心任务，是建设高等教育强国的基本要求。③牢固确立人才培养在高校工作中的中心地位，着力培养信念执着、品德优良、知识丰富、本领过硬的高素质专门人才和拔尖创新人才。④高校要牢固树立主动为社会服务的意识，全方位开展服务。⑤深化教学改革，支持学生参与科学研究，强化实践教学环节。⑥深化教育体制改革，关键是更新教育观念，核心是改革人才培养体制，目的是提高人才培养水平。⑦适应国家和社会发展需要，遵循教育规律和人才成长规律，深化教育教学改革，创新教育教学方法，探索多种培养方式适应国家和社会发展需要。⑧注重知行统一，坚持教育教学与生产劳动、社会实践相结合，开发实践课程和活动课程，增强学生科学实验、生产实习和技能实训的成效。⑨充分利用社会教育资源，开展各种课外及校外活动。⑩着力推进大学生教育培养机制改革，提高培养质量，造就适应高校本科人才职业化教育发展要求的双师型教师队伍。

（三）法律学科本身的性质与法学教育的特点的需要

法学"是一种社会化的实践，一种职业性的知识，在很大程度上排斥独出心裁和异想天开。它有时甚至不要求理论，而只要求人们懂得如何做"[11]。清华大学法学院院长王振民教授在清华百年校庆时指出，"法学既是理论的，也是应用的，也属于职业教育的范畴"[12]。法学是应用学科，是一门与社会紧密联系的实践性极强的科学，本身具有逻辑的特殊性、法律法规的烦冗性、突出的实践性和现实性等特点，决定了应用型法律人才培养的必要性。应用型法律人才未来从事的工作多半是司法工作、法律服务、行政执法等第一线工作。法学专业的学生不仅要懂法理学，还要熟悉实体法、程序法；不仅要懂国内法，还要懂国际法，构建起科学合理的法律知识体系。同时，还必须有着法律思维能力，法律问题运作与适法解决能力。正如富勒所说，"教授法律知识的院校，除了对学生进行实体和程序法律方面的训练外，还必须教导他们像法律工作者一样去思考问题和掌握法律论证与推理的复杂艺术"[13]。具备扎实的法学专业知识是基础和前提，熟练运用法律解决法律问题是法学教育培养的终极目标和适法能力的展示。

（四）基层法律实务部门对法律职业人才的需求

教育部和中央政法委《关于实施卓越法律人才教育培养计划的若干意见》（教高〔2011〕10号）指出，适应多样化法律职业要求，坚持厚基础、宽口径，强化学生法律职业伦理教育，强化学生法律实务技能培养，提高学生运用法学与其他学科知识方法解决实际法律问题的能力，促进法学教育与法律职业的深度衔接。把培养西部基层法律人才作为培养应用型、复合型法律职业人才的着力点。为适应西部跨越式发展和长治久安的需要，应结合政法人才培养体制改革，面向西部基层政法机关，培养一批具有奉献精神、较强实践能力，能够"下得去、用得上、留得住"的基层法律人才。加大实践教学比例，确保法学实践环节累计学分（学时）不少于总数的15%。加强校内实践环节，开发法律方法课程，搞好案例教学，办好模拟法庭、法律诊所等。充分利用法律实务部门的资源条件，建设一批校外法学实践教学基地，积极开展覆盖面广、参与性高、实效性强的专业实习，切实提高学生的法律诠释能力、法律推理能力、法律论证能力以及探知法律事实的能力。

著名的《马尔报告》曾归纳在法学教育阶段，学生应具备的 9 种法律职业能力：对实体法的足够认识；认定法律问题以及就任何法律问题构建有效而中肯的论证能力；明智地运用一定资料进行研究的能力；明白任何法律的基础政策以及社会环境的能力；分析和阐明抽象概念的能力；识别简单的逻辑和统计上的错误的能力；清楚简明的语言表达能力；积极的学习能力；认定和核实任何法律问题的相关事实的能力[14]。借鉴国外经验，结合我国相应实践，职业能力就是把相应的法律专业知识转化为法律职业能力，应当包括法律技术能力、将社会现象与社会问题转化为法律话语并恰当处理之能力、正确衡量社会情形并作出适当判断之能力。法律技术能力是一种运用法律规范指导社会政治经济生活甚或处理法律事件与案件之能力，通常涵盖分析法律规范内涵进而准确理解法条的能力、依据相关信息推定法律事实之能力并以此为基础依据司法界约定俗成的技术规则有效解决案件的能力。而后两种能力是法律职业人才处理和应对复杂社会发展情形应当拓展与具备的能力。这三大能力之核心内涵就是法律职业人应当具有公正情怀，必须以追求公正、崇尚正义的价值准则对待自己的职业[15]。

四、基层应用型法律职业人才培养的目标定位

根据教育部和中央政法委《关于实施卓越法律人才教育培养计划的若干意见》（教高［2011］10 号）精神，把培养西部基层法律人才作为培养应用型、复合型法律职业人才的着力点。适应西部跨越式发展和长治久安的需要，结合政法人才培养体制改革，面向西部基层政法机关，培养一批具有奉献精神、较强实践能力，能够"下得去、用得上、留得住"的基层法律人才。这进一步高屋建瓴地以国家教育机构名义提出了西部地方院（系）法学教育应走的法律职业人才培养的目标与路径。

"地方社会的政治、经济、文化需要才是地方院校学术研究的安身立命之处，即使是教学研究，也应该在遵循教育规律的基础上开创地方特色……学术大众化、技术市场化、服务区域化是地方院校学术研究必须坚持的方向，校园外区域社会的认可是地方院校学术能力的最重要标志。"[16]立足基层，定位法律人才培养规格与目标，是地方工科院校法学教育的特色打造和发展基石之一。

1998 年教育部《关于普通高等学校本科专业的有关规定》指出，法学本科专业培养目标的基本定位为"高级专门人才"，且十分强调职业性。波斯纳指出，"职业是这样一种工作，人们认为它不仅要求诀窍、经验以及一般的聪明能干，而且还要有一套专门化的（有时则是高度的）抽象的科学知识或其他认为该领域内有某种知识结构和体系的知识"[17]。法学本科教育的目的在于培养具有高素质的应用型法律职业人才，有利于改革传统教学方法，促进学生就业。

作为有 20 多年法学教育历史的西部地方性工科院校，四川理工学院的法学教育逐渐探索出了一条适应地方经济社会发展的、服务于基层法律实务的人才培养模式，总结并秉承"服务性学习理念下的基层应用型法律人才培养"的教育教学理念，将本校的本科法学教育定位于服务基层、政治合格、业务精良、基础扎实、动手能力强的复合型创新人才和高素质的应用型法律人才，逐步形成了"树立一个目标、强化两种能力、实现三个转变"的"123"人才培养模式。一个目标即培养复合型、应用型的基层法律人才；强化两种能力即实践能力、适法能力；实现三个转变即从重课堂教学向重实践训练转变，从重知识汲取向重实践技能训练转变，从重学校培养向重多元培养转变。

五、服务性学习理念下的基层应用型人才培养方案的设计

法学教育承载着人才培养的重要任务：一是适应司法改革的需要，为

立法、司法、法律服务、法律监督等法律职业部门培养大批高素质的法律人才；二是培养一批与法官、律师、检察官等职业相配套的从事法律辅助工作的应用型法律职业类人才；三是适应实施依法治国方略的需要，面向全社会和各行各业培养大批既具有法律专业知识，又具有本行业专业知识能力的复合型人才。为此，要促进法学教育的科学发展，必须要合理地定位人才培养目标，即定位在培养"法律人"上。所谓"法律人"，即由法律职业的特殊性和法律执业活动的基本特点所决定的法律职业的基本要求的职业者。徐显明教授认为，"职业化是当下我们的法学教育面向未来的一大趋势。""法学教育职业化的目的，在于培育一个具有共同法律信仰、职业伦理、专业知识、实践技能的法律职业共同体，以发挥其特有的功能。"[18]

四川理工学院法学院与司法实务部门通过广泛调研和深入论证，共同确立了法律人才校地联合培养目标：立足于我国国情、四川省情和学院实际，结合"我国法治建设重心在基层，关键在应用"的现状和趋势，将培养目标定位在适应西部跨越式发展和长治久安的需要，面向西部基层法律实务机关，培养适应多样化法律职业要求的、具有良好的法律职业伦理和奉献精神的、能运用法学与其他学科知识方法解决实际法律问题的"下得去、用得上、留得住"的高素质法律人才。

四川理工学院法学人才培养定位在"法律人"上，即适合社会需求的具有法律职业知识技能和职业伦理的应用型法律职业化人才。鉴于此，我们在法律职业化人才培养方案的设计上，逐渐探索形成并遵循的四个原则与理念：一是理论学习与社会服务并重。在课程安排、课时分配、考核方式、学分积点、教师任务安排等方面实现边学习理论边服务社会相结合的培养方案设计，从源头上平衡学生的法学基本理论知识的学习时间与运用所学知识于社会的服务时间，达到二者的有机结合。二是把集中式的专业实习和毕业实习分散到日常的社会服务中，从而提高学生学什么、如何学、如何用的认识能力，进而激发其学习的主动性、能动性。三是把简单的法律知识的汲取与服务社会中需要解决的问题结合起来，培养学生发现问题、分析问题、解决问题的能力，特别是培养学生在法律规定不具体不明确、或者没有规定的情况下运用法律基本理念解决实际纠纷的创新能力。四是完善学生考核评价内容与方式，在传统课程考试考查模式下，增加学生社会服务环节在学习成绩中的比例，如将学生的社会服务调研作品及服务过程的反思集成等纳入学习成绩评价内容，既调动和发挥了学生学习的主动性和积极性，又促进了学生在服务社会中了解社会、认知社会，认知司法与执法情景语境，提高自身的适法能力。同时，又有力地促进了培养方案的实施与不断完善。

四川理工学院秉承上述四个原则与理念，沿着基层应用型法律人才培养的路径，把法学教学内容设定为以下四个模块：一是通识模块；二是专业基础知识模块，含边缘学科基础知识和跨学科基础知识；三是专业及应用知识模块，含法学专业知识和运用法律及法律实践的知识；四是专业技能训练模块，包括基层应用型法律人才应具备的专业技能和工作技能。围绕以上四大模块的知识构成和技能要求，设置其课程体系。第一，通识课程，即作为一个基层法律应用型人才应学习的基础知识类课程。第二，专业课程，即应用型法律人才必须学习的法学基本知识方面的课程，包括四个方面：其一为专业基础课程，如政治学、经济学、管理学、逻辑学、法理学、法社会学、法哲学、法伦理学、法律方法等；其二为实体法，如民法学、商法学、行政法学、刑法学、经济法学、劳动法学、环境法学等；其三为程序法学和司法制度，如民事诉讼法学、刑事诉讼法学、行政诉讼法学、仲裁法学、律师和公证制度等；其四为国际法学类，包括国际公法学、国际私法学、国际经济法学等。与此同时，开设相关的与专业课程不相冲突的选修课程，如刑事审判制度、民事审判制度、行政审判制度、检察制度、行政执法制度、法律援助制度等专业教育平台理论任选课。第三，专业技能课程。包括两类：一类是基本技能课程，如法律方法与思维训练课程、司法文书写作课程、司法口才训练课程等；另一类为应用型法律人才所必须掌握的特殊技能课程，如法律逻辑学课程、创新能力实训课程、以模拟法庭及法庭旁听教学为内容的庭审实训课程等。与此同时，有计划、有组织、有目标地安排学生从大学二年级开始到法律实务部门进行服务性学习，指导学生在学习中服务、在服务中学习，达到法律人才培养从以教学为中心向以学习为中心的转变，实现课堂教学与实践教学、社会服务的无缝链接，以提高学生的法律认知能力和适法能力。

法律人才校地联合培养目标的确立及实施取得了良好的教学效果、就业效益和社会效应，为西部基层法治建设培养了一大批具有高度奉献精神和实践能力、能够"下得去、用得上、留得住"的复合型、应用型和特殊适应性的高素质法律人才。

六、服务性学习指领下的法学教育和法律实务部门人才交流机制

"一国法律教育的得失，有关于国家法治的前途。"[19]法治国家的建设依赖于发达的法学教育，其目的之一就是培养应用型、复合型、创新型的高素质法律职业者。而法学教育的发达，主要取决于教师，加强师资队伍建设是培养高素质法律职业者的核心议题。

教育部和中央政法委《关于实施卓越法律人才教育培养计划的若干意见》（教高［2011］10 号）指出，探索建立高校与法律实务部门人员互聘制度，鼓励支持法律实务部门有较高理论水平和丰富实践经验的专家到高校任教，鼓励支持高校教师到法律实务部门挂职，努力建设一支专兼结合的法学师资队伍。

基于我国《中华人民共和国法院组织法》《中华人民共和国检察院组织法》以及《中华人民共和国法官法》和《中华人民共和国检察官法》对司法工作者的基本要求，《中华人民共和国律师法》对律师执业素养的基本要求，加上我国法律文化传统和社会转型期的法治建设的现实需求，我国的

法学教育模式应该以通识教育为基础，同时体现职业化要求①。"一套学识性很强的法典体系，一套合理操作性很强的理论体系，再加上一大批资质精良、训练有素的法律专业人才，这些是高效率的法治秩序所必不可少的前提。"[10]"法律同时是科学和技能，是哲学也是一种职业"。法律职业是一门带有很强的技术性的行业，这个职业要求法学素养很高，且人际沟通能力强，逻辑严密，思维敏捷，富有雄辩，这在很大程度上依赖于法学教师的水平和言传身教。它要求我国的法学教育必须建立严谨细致、高效可行的职业训练体系，而这种职业训练对法学师资水平提出了非常高的要求。

然而，从地方工科院校来看，目前整体法学高校师资队伍，尚存在诸多问题：一是法律基础理论知识虽然较为扎实深厚，但是有关政治学、社会学、经济学、心理学等方面的知识欠缺，知识结构单一；二是从学校到学校，大量年轻教师毕业后直接上讲台授课，对法律的认识主要来自书本，有一定教龄的老教师也有很大一部分没有或很少参与具体法律事务，欠缺法律实践经验；三是即使做兼职律师的教师，由于角色和思维的限制，也很难从法院、检察院等角度思考案件的运作；四是导向错乱，学校对教师的绩效考核办法过于倾向于科研和教学任务的完成等，使得教师无法关注法学教育教学方式的改革，更难以"浪费"宝贵的时间进行社会实习和司法调研。如此等等。客观上迫使我们需要一种制度来实现法学教师多途径获得实践经验、参与社会法律事务的需求，实现师资多元化，培养具有法律素养又兼具职业技能的适合社会需要的法律人才[20]。

建立并切实实施法学教育和法律实务部门岗位人才交流机制，是法学教师多元化培养的主要途径，也是高校法学院系与法律实务部门双方的共赢。一方面让法官、检察官、律师、公证员参加到法学教育中来，成为法

---

① 目前世界各国的法学教育模式主要有两种，一种是以德日为代表的通识教育模式。所谓法学中的通识教育即指素质教育，其人才培养目标是培养一部分具有较强的法律素养的法律通才，为将来拟从事法律职业者和拟从事法学研究或教学者打下法律基础。另一种是以英美为代表的职业教育模式，即为培养律师或其他特定法律职业人才而服务，通过案例教学等教学方式对学生进行严谨细致的职业训练。

学人才的培养者，弥补教师职业性特点较弱的不足。另一方面，法官、检察官、律师、公证员交流到高校，暂时脱离烦冗的实务工作，回过头来对案件的反思、分析和理论思考，建立一种经验的理性，不但有助于法官、检察官、律师、公证员理论水平和实务操作水平的提升，而且对于培养学生的法律思维养成和法律技能训练也是大有裨益。一方面，法学教师交流到法律实务部门，可以克服其理念化的学术研究弊端，"说到学术传统可以说社会科学的学术传统尤为缺乏，特别缺乏实证研究传统……我们目前有许多号称社会科学的科研成果其实太人文化、太哲学化，往往讨论一些抽象的理论、概念和命题……而没有实证研究，所谓的理论研究或创新就只能是空对空，只能是对概念的注释，只能是玩文字游戏"[21]。法学教师深入法律实务部门从事实证研究，对于提升教师的研究能力有着十分重要的作用。另一方面，由于法学教师本身的理论素养相对较高和研究能力相对较强，对于法律实务部门人员的司法、执法能力的提升起到促进作用，对于疑难、复杂、争议较大的案件的探讨解决也有着智力支持作用。

　　四川理工学院建立并切实实施法学院和法律实务部门岗位人才交流机制，取得了较好效果。一是学校党委行政高度重视，列入学校"走内涵式发展道路、强化师资队伍建设"的主要内容，在多方面给予大力支持；二是自贡市委政法委、组织部大力支持学校与法律实务部门的人员交流与合作共建；三是由学校人事、教务、科研等职能部门牵头，法学院具体组织实施；四是学校与自贡市检察院系统、自贡市法院系统、自贡市司法局系统、自贡市公安局系统以及政府法务部门、自流井区和大安区街道社区建立了全面、深入、系统的合作机制；五是学校根据法学教师的专业方向和研究领域，分别确定具体交流部门和交流时间（一般以一至二年为宜），并接受和合理安排来自法律实务部门人员的兼职授课。同时各法律实务部门可根据各机构的实务特征向学校派出交流人员；六是法学教师到法律实务部门交流，除了完成实务部门安排的任务外，在酌情免除或减少工作量要求下必须完成一定调研工作量，保障教师的平均福利待遇以及在本校的职称评定及其他晋升不受影响；七是定期开展人员交流合作信息回馈，这是双方的义务与责任，也是确保法学院和法律实务部门岗位人才交流机制得以顺利实施的保障与监督促进，即在每一期交流的初期、中期和结束三个时段进行定期的信息反馈和日常根据具体情况而进行的不定期信息反馈相结合，所有派出人员都应向派出单位提供一份交流报告，详细地记录交流进程，阐述交流中的收获、发现的问题、对交流制度本身的看法，提出建议和意见供单位参考。同时双方部门定期举行座谈会，就交流制度的落实展开对话，发现不足，不断完善。

七、综合开发服务性学习资源，构建服务性学习人才培养平台

四川理工学院法学院地处城市中心区域，有着得天独厚的服务性学习资源，可以充分运用到法律职业化人才培养全过程之中。服务性学习资源的开发利用是教师与学生双主体作用的发挥，其中又以学生主体地位的突显为第一要义。一是准备阶段中教学内容的确定，包括相关的法律基本理论知识和社会认知交往知识的讲授与汲取；二是社会服务场所的联系，成立法学院指导下以教研室为主体的社会服务性学习工作小组，负责建立、拓展和联系社会服务场所；三是人员分配，包括指导教师和学生的有计划有目的的分配，在自愿组合与组织安排相结合的基础上实现教师和学生的有效组合；四是社会服务学习的阶段性总结、反思和最后的评价，总结好的经验，查找存在的问题与不足，完善相应的措施。

美国大法官霍姆斯有一句名言："法律的生命在于实践，而不在于逻辑。"作为一门具有高度实践性的学科，在秉承服务性学习理念下，综合开发服务性学习资源，构建服务性学习人才培养平台具有十分重要的地位与作用。稳定的服务性学习场所是保证应用型执业法律人才培养质量的基石。

一是开发利用公检法司及律师事务所等法律实务部门资源。包括两个

方面，学生"走出去"与法律工作者"请进来"的双向良性互动。学生走出去，即学生在边学习法学基本知识和基本理论的同时，利用课余时间、节假日和课程安排时间，深入到法律实务部门，参与旁听，配合法律工作者从事对案件的办理，整理案件档案材料，协助参与案件审理，参加实务部门的业务学习等活动，从而让学生在利用所学法律知识来解决实际法律问题上得到一种感性、直观的认知和理性思维的锻炼，继而激发学生学什么、如何学的积极性。法律工作者"请进来"，即学校与法律实务部门达成法律人才培养合作共建协议，开创了产学研一体化的法律人才联合培养机制，聘请法律实务部门有较高理论水平和丰富实践经验的法律工作者为兼职教师，定期和不定期为学生讲授法律实务课程或作专题讲座。同时，在条件允许的情况下请法院将案件移到学校模拟法庭进行开庭审理，让学生有机会接触更多的真实的法律实务。

二是开发利用政府和企事业单位的法律实务部门资源。这主要在行政执法和劳动社会保障方面的法律实务运行。安排学生深入到这些部门进行服务性学习实践活动，可以对相关法律的实施及其纠纷解决上具体运作有比较直接的体验，加强学生对公务部门和企业工作的了解与认知。

三是充分利用丰富的社区资源。因为满足社区的需要、促进社区发展是服务性学习的重要目标之一。社区就是一个小社会，是高等学校服务性学习活动的重要基地。学生参与社区法律志愿者服务活动，通过参与法律宣传、社区纠纷调解、社区矫正、社区保障等法律实务，有助于实现学生深入基层，了解社区居民生活生存状况，与社会的有效沟通，使人才培养贴近地方经济社会发展的需要。

四是诊所法律训练。学生在教师的指导下为当事人提供法律咨询，"诊断"其法律问题，提出法律建议，并为其提供法律服务。一方面有效利用课堂模拟性练习活动，在教师精心设置的各种虚拟场景与环节中让学生分别扮演不同人物角色对案件问题进行证据收集、谈判、辩论、调解或审理，从而学习训练处理具体法律问题的技能。另一方面，利用教师兼职办案的资源，接受部分学生作为老师的助手，参与具体案件的调查、文书制作、法律沟通及其庭审活动。此外，在老师的带领下，参与法律援助活动，进行法律诊所教育与训练。

五是法学实验实训。包括模拟法庭和实验教学软件系统两个方面的模拟训练。学生模拟案件的不同角色，自主对案件的法律事实进行求证、判断、归纳、筛选和建构，对法律问题进行分析，形成相关法律文书，进行法庭陈述和辩论，模拟调解与判决，从而使学生熟悉运用和加深认知法律程序与实体知识，消除学生的好奇与"恐惧"，逐渐训练学生成为熟练的"汽车驾驶员"。

六是自主性实践。根据学生的实际情况，鼓励学生利用寒暑假及家庭朋友关系参与法律实践活动，如大学生暑期社会实践活动、送法下乡活动、普法宣传活动等，并要求其提交实习日记和实践体会，反思法律知识的学习与运用。

八、政策支持与配套措施的落实，为服务性学习法律职业人才培养的重要保障

服务性学习既是学生学习的一种方法，又是一项具有广泛性和复杂性的教育活动。美国马里兰大学为适应知识经济社会对大学生实践创新能力提出了的新要求，积极推进服务性学习实践，从常规的教学需要向学生的职业需要转变，从理论教学向体验性教学转变，致力于培养社会有用人才[22]。为此，法律职业化人才培养作为一个系统工程，要求在科研管理、实践教学、评价制度方面提供其适宜的政策空间和配套措施。譬如学校可在科研政策上对横向科研课题进行政策倾斜；改革法律职业化人才培养考核方法，积极创设实践教学条件，提供较为充足的服务性学习的经费支持，为学生的实践创新能力提供时间和条件保障；改变和优化教师评价指标与评价方法，将对教师的实践技能、在课程教学中培养学生的实际应用能力，

以及教师为学生开拓实习和就业市场的能力作为重要指标；与培养方案配套，改变和优化学生毕业考核指标与评价方式，在注重对学生理论知识考查的同时，更加注重对学生职业能力的演示和实践能力的评估。

　　四川理工学院遵循高等教育规律，认真贯彻落实科学发展观，在"走内涵式跨越式发展之路"，以建设有特色、高水平的大学为总体发展思路下，明确提出了学校"以育人为中心"的教育教学理念，坚持办学以教师为主体、教学以学生为主体，充分调动和发挥"两个主体"的积极性与能动性：一是依据学科和专业特性，整合相关学科专业资源，设置相对科学完善的二级学院，实行校、院两级管理，学校在政策和资金、物质上向二级学院教学科研第一线倾斜，明确二级学院的责、权、利，以充分调动二级学院在师资队伍建设、人才培养、科学研究和社会服务方面的主动性和积极性。二是加强双师型教师队伍建设，学校大力提倡和鼓励教师到基层法律实务部门挂职锻炼。近几年先后派出到基层法律实务部门挂职锻炼的教师四人，在仲裁委员会、市级信访委员会、政府法务部门和律师事务所兼职的教师达十五人，为教师的实务操作能力提供了很好的政策支撑和学习锻炼平台。同时，聘请法律实务部门的专家为兼职教授，到校开展法律实务专题讲座或辅导报告，将法律实务部门的适法过程中的一些具体做法和所遇到的问题与学校理论课教师共同研究交流。三是加强教学改革，学校专题研究并立项教育质量工程专业综合改革项目，给予资金和物质保障。法学院围绕学校教育质量提升工程的精神和目标要求，积极走访相关高校调研学习，深入法律实务部门专访座谈，征求法学教育理论专家和法律实务部门领导、精英的意见与建议，与本行政区域法律实务部门普遍建立了全方位、紧密性、深入性的合作共建关系，与周边地区法律实务部门构建了课题调研、学生实习及人员交流聘任关系，摸索并达成了合作共赢的双向互动机制，为基层应用型法律职业人才培养的目标定位、方案设计、教学实施提供了有力的基础和条件保障。

结语

四川理工学院法学院在 2009 年获得法学特色专业建设批准立项后，针对法学教育的现状，开展了广泛的调查与研讨，基本形成了法学职业化人才培养的理念和培养模式，构建起了社会服务性学习与课堂理论学习相得益彰的培养模式和实施机制。通过近几年与检察院、法院、司法局、政府和企事业法务部门、社区及其街道的密切合作，本着"整合资源、优势互补、共同发展"的宗旨，在普法宣传、人民调解、劳教人员帮教、低保、社区矫治、调查取证、案件研究、法律文书写作、观摩审判、档案整理与管理以及课题调研等诸多领域培养学生"学以致用"和"用后激学"的能力，对参与社会服务学习的学生的学业成绩、社会性发展及职业选择产生了积极的影响。一是建构良好的学习环境、学习氛围和学习风气，树立了良好的教风和学风，在 2012 年四川省高校校园文化建设评比中获得了充分肯定和高度评价；二是巩固了学生的专业学习，稳定了学生专业选择，提升了学生对专业的认识；三是提高了学生的学业成绩，促进了学生学习积极性，在国家司法资格考试、研究生入学考试和国家公务员考试方面取得了显著成绩，提高了学生就业竞争力；四是学生的社会责任感得到了加强，包括了解社会和政治信息，关注社会热点问题，培养对社会和国家的责任感，促进对社会和公众事务的理解和直接参与；五是服务性学习对于学生的自尊和自信的提高有着不容忽视的效用，在服务社会中获得了一定的承认与满足。当然，服务性学习是一个系统工程，要受到诸多因素的制约，特别是师资队伍、评价方式、资金支持、场域建设等的影响与限制，需要改革的勇气，以构建良性互动的可持续的社会服务性学习运行的常态机制。

参考文献

[1] 曾宪义,张文显. 中国法学教育教学改革与发展战略研究[M]. 北京:高等教育出版社,2007:254.

[2] [美]玛丽·卢·富勒,葛兰·奥尔森. 家庭与学校的联系——如何成功地与家长合作[M]. 谭君华,译. 北京:中国轻工业出版社,2003.

[3] 郄海霞. 美教育新主题:服务性学习及八个关键问题[EB/OL]. [2013-2-3]http://www. chinaedu. edu. cn/.

[4] 吴斌,缪锌. 法学教育的嬗变与科学发展[G]//中国法学教育研究. 北京:中国政法大学出版社,2009.

[5] 叶立周. 当代中国法律接受研究[D]. 长春:吉林大学,2008.

[6] 孙晓楼. 法律教育[M]. 北京:中国政法大学出版社,1997.

[7] 亚里士多德. 政治学[M]. 吴寿彭,译. 北京:商务印书馆,1965:199.

[8] 马建银. 呼唤制度理性——法治化进程中中国律师的角色定位[EB/OL]. [2013-2-3]http://vip. chinalawinfo. com/newlaw/slc/slc. asp? db=art&gid=37123.

[9] 房文翠. 法学教育价值研究——兼论我国法学教育改革的走向[M]. 北京:北京大学出版社,2005:119.

[10] 季卫东. 法律职业的定位——日本改造权力结构的实践[J]. 中国社会科学,1994(2):63-86.

[11] 朱苏力. 反思法学的特点[J]. 读书,1998(1):21-28.

[12] 蒋安杰. 百年清华法学弦歌不辍——专访清华法学院院长王振民[J]. 法制资讯,2011,5.

[13] [美]博登海默. 法理学:法律哲学与法律方法[M]. 邓正来,译. 北京:中国政法大学出版社,1999:507.

[14] 何美欢. 论当代中国的普遍法教育[M]. 北京:中国政法大学出版社,2005:200.

[15] 肖北庚. 法学素养:法科学生实质毕业标准[J]. 临沂大学学报,2011(3):58-62.

[16] 邹晓平. 地方院校战略规划的理论问题与个案分析[M]. 广州:广东高等教育出版

社,2006.

[17] [美]波斯纳. 超越法律[M]. 苏力,译. 北京:中国政法大学出版社,2001:44.

[18] 徐显明. 职业化是未来趋势[N]. 光明日报,2010-10-5(4).

[19] 孙晓楼. 法律教育[M]. 北京:中国政法大学出版社,1997.

[20] 张敏. 法学教育和法律实务部门人才交流制度建立的探索[J]. 经济与社会发展,
     2011(4):119-121.

[21] 苏力. 也许正在发生:转型中国的法学[M]. 北京:法律出版社,2004.

[22] 康宏. 服务性学习:中心城市本科院校应用型人才培养的有效途径[J]. 黑龙江教育,
     2009(9):52-54.

CDIO 理念下应用型法律人才培养模式探析

杨　帆

　　摘　要：法学专业人才培养的社会需求要求高校法学人才培养模式从传统的通识教育模式向应用型法律人才模式转变。而这一目标的实现，又依赖于教育理念的转变。本文将 CDIO 工程教育改革的理念引入法学教学中，构建"法学+实践"教学模式，通过对培养目标重新定位、课程设置重新架构，实施项目教学和多元化的考核评估体系，培养出符合社会需求的专业法律人才，从而实现法学教育与社会需求的有效对接。

　　关键词：CDIO 模式；应用型法律人才；教学

　　为满足新时期国家和社会对法律人才培养的需要，高校应用型法律人才培养应立足于本地，主动适应地方经济和社会发展对应用型高级法律人才的需求，培养综合素质优良的应用型高级法律人才。就当前培养高素质法律人才而言，推行法学实践性教学已成为共识，但具体运作中，出现了培养模式不清晰、系统性较差、教师单兵作战、选用教学方法混乱等突出问题。笔者将 CDIO 工程教育改革的理念引入法学教学中，构建"法学+实践"教学模式，通过对培养目标重新定位、课程设置重新架构，实施项目教学和多元化的考核评估体系，从而实现应用型法律人才培养的目标。

一、源起

　　CDIO 教育理念的主要理论依据是美国著名哲学家、实用主义教育学家和心理学家杜威的"从做中学"（learning by doing）。杜威批评传统教育，认为传统教育传授过时的死知识，以教师为中心，教育脱离社会生活，学习和活动严重脱节，压制了学生的主动性和能力的发展。杜威强调教育应与实际的社会生活协调一致，注重实际有用的科学知识，提倡生动有效的教学方法。这种教育强调把知识和社会活动、理论与实践结合起来，增强经验，习得知识技能，因此在教学过程中，学生个人的直接的主观经验尤为重要。杜威认为，"教育即生活、教育即成长、教育即经验的改造"，应用在教学上便是"从做中学"，也就是"从活动中学""从实践中学""从经验中学"。杜威提出"教学应从学生的经验和活动出发，使学生在游戏和工作中，采用与儿童和青年在校外从事的活动类似的活动形式"[1]。杜威称"从做中学"是一种"科学的方法"，做的过程（教学过程）有五个阶段：一是要安排真实的情景；二是在情景中要有刺激思维的课题；三是要有可利用的资料以作出解决疑难的假定；四是要从活动中去证验假定；五是根据证验成败得出结论[2]。这个过程是取得经验的过程，也是学习的过程，充分体现了学与做的结合，培养学生的创新精神。相比"从听中学"，"从做中学"是一种更好的方法，它让学生把在学校获得的知识与社会生活中的活动结合起来，让学生学会解决实际问题、提出问题，再按照科学的方法处理问题，不断丰富自己的经验。

　　从 2000 年起，美国麻省理工学院联合瑞典三所大学（查尔姆斯技术学院、林克平大学、皇家技术学院）合作开发了一种全新的工程教育理念，称为 CDIO（conceive-design-implement-operate）。CDIO 以产品构思—设计—实施—运行的生命周期为载体，让学生主动参与其间的方式学习工程。其核心是强调以学生为中心，培养学生主动学习、动手实践、分析问题和解决问题的能力。CDIO 教学大纲涵盖一个现代工程师应具有的科学与技术知识、能力和素质培养的各个方面，做到理论与实践、课内与课外、专业学习与素质教育、学习能力与创新思维培养的有机结合，建立一个清晰、完整、系统和详细的工程教育目标。

美国首席大法官霍尔姆斯曾经说过，"法律不是逻辑的结果，而是经验的积累"。也就是说，法学是一门实践性非常强的科学。我们应将教育理念从以教为主转变为以学为主，将法学教学重新定位、课程重新设置，构建一种与 CDIO 接轨的全新的法律人才培养模式，使 CDIO 大纲中的各种能力能够在法学教育中得以实施。

二、应用型法律人才培养模式的构建

（一）培养目标重新定位

我国法学本科阶段的学生基本都直接来源于应届高中毕业生，阅历浅，社会经验和常识欠缺，如采取填鸭式、灌输式的教学方式，学生理解、掌握知识的质量较差。而统一司法考试则要求法学本科教育必须服务于司法实践，以应用型法律人才的培养为目标，凡不能通过资格考试者，将无法进入法律界。就这一现实来说，法学培养目标重新定位具有现实价值。

笔者认为，应用型法律人才的培养目标应当是从单一到综合、从简单到复杂，是相互影响、层次递进的一个完整的实践能力培养体系，具体体现在以下三个方面。①教学设计的一体性。即应当把本科四年的实践方案通盘考虑，并且"根据教学内容的循序渐进和学生认知水平的梯级提高过程，制订出科学、完整、不断线的大学生在校四年期间的实践教学计划与理论教学计划及其实施方案，并使这两种计划方案浑然一体"[3]。②学生主体的参与性。应用型人才的培养应以参与式理念为导向，重视学生在实践教学中的参与度，从而提高学生参与的积极性和主动性；给予学生选择教师、安排学习进程的权利；教师要评价学生，学生也要评价教师[4]。③能力培养的综合性。培养学生的社会实践能力、公共协调能力、自我管理能力、自我发现和发展的能力、理论运用能力、自学能力、发现问题的能力、运用知识分析和解决问题的能力、创新能力。

综上所述，根据中国法学教育的结构和现实性状况，笔者认为培养目标的重新定位就是为全面提高法学专业学生的综合能力和素质服务，为解决法学理论教学和实践教学的结合服务。

（二）课程设置重新架构

现代法学教育是一项系统工程，其主体工程应当包括理论知识教育和实践能力培养，二者是并行不悖、相互协调、相辅相成的。通过构建"法学+实践"的课程体系，充分和有机地把二者结合起来，以实现法学教育目标。在实际运作中，实践性教学应贯穿、渗透于法学教育的全部过程，主要针对专业思维的训练和实践能力的培养。同时理论教学也不会丧失其基础性地位，其将始终作为实践性教学的理论铺垫。

以杜威为代表的学生中心课程理论提出，课程与教学必须考虑到学生的思维方式、兴趣和需要。因此，课程设置的重点应是建立起立体化、多层次、多形式的教学活动体系，即采用"纯理论课堂教学—面向实践案例教学—模拟实践教学活动—了解实践教学活动—参与实践教学活动"，并通过建立一种反馈机制，以实现良性的互动与相互的影响与促进。在这一教学体系中，面向实践案例教学包括通过案例分析培养学生专业兴趣，帮助学生树立法律专业观念以及掌握法律的精神实质，凝练自己的专业方向；模拟实践教学活动包括教师主持的学生案例研讨会、模拟法庭等一系列活动；了解实践的教学活动包括到法院旁听案件审判、到司法实务机构进行调研等一系列活动；参与实践教学活动包括法律援助活动、社会法律咨询活动和司法实习等，其主要特点是学生直接参与真实的司法活动，直接面对当事人并承担起相应的法律责任。

（三）教学实施项目化

基于 CDIO 教育理念，学生不是教会的，是学会的，学生的能力是在实践中培养出来的。在教学实施过程中，以项目设计为导向，以能力培养为目标，把专业所需的知识、应达到的能力融合在一起，形成一个整体，采取"项目研究式"教学方法，围绕某一项目而进行探究式学习。按照杜威的五步教学法，由学生自己创设情境、明确问题、提出假设、解决问题、检验假设，课程安排采取主题式（theme-based）循序渐进。

项目教学的关键是以学生为中心，学生要完成的任务就是项目。通过项目的驱动，让学生更多地"问""做"，以获取知识、运用知识、共享知识、传播知识。项目研究式教学使学生由被动学习转变为自己带着问题研究和解决问题的主动学习，学生获取和运用知识的能力、分析问题的能力、独立提出问题的能力和创新能力不断得到提升。

项目研究式教学方法对教师提出了较高的要求，教师不仅要具有较高的法律素养和较强的洞察力，而且要设置符合教学目标的、可操作性强的研究项目，明确项目的实施方案和评价方式，激发学生的创新思维。所以，教师的职责不再仅是传授语言知识，而是促进者、协调者、合作者、倾听者和资源提供者。

（四）考核评估多元化

传统的成绩考核基本上是每学期由期终一次性考试确定，这种评价机制导致学生不重视课堂参与、交流和学习。而在 CDIO 模式下，课程的考核与评价不再是一个孤立的行为，而是根据学生的课内外学习情况和学习效果客观地评价，可以根据教学活动内容把平时测验成绩、课堂表现状况、团队协作成绩、自我评价指标等均纳入成绩考核中。另外，教师不再是成绩唯一的评定人，还要包括学生自身和学生之间的评价，采用学生自我评估、学生相互间的评估及教师对学生的评估等相结合的方式。评价标准也不再由单一的考试成绩评定，可以发展到对研究方法、学习过程、学习策略、项目参与度与贡献度等全方位、多层次的综合评价。

三、结语

CDIO 作为一种新型工程人才培养模式已在全世界推广，目前已有几十所世界著名大学及中国大学全面采用 CDIO 工程教育理念和教学大纲，取得了良好效果，而且已经渗透到工程教育以外的各个学科。我国的法学教育正处在一个由"可持续"发展向"跨越式"发展的转型期，各学科的复合和融合以及国家对人才需求的变化使我们有必要从不同角度重新规划法学教育的目标、内容、方式等。总之，应用型法律人才培养是基于社会的需求，只有通过改革教学模式、重置课程内容、改善考核体系，才能适应社会需求，培养出更多的"厚基础、宽口径、强能力、高素质"人才。

参考文献

[1] [美]约翰·杜威. 我们怎样思维·经验与教育[M]. 姜文闵,译. 北京:人民教育出版社,2005:10.

[2] [美]约翰·杜威. 民主主义与教育[M]. 王承绪,译. 北京:人民教育出版社,1990:29.

[3] 张森年. "'感—行—思'三阶一体实践教学模式"的建构与实践[J]. 思想理论教育导刊,2011(7):66-69.

[4] 周金其,李水英,吴长春. "参与式"教学的理论与实践[J]. 高等教育研究,2000(3):74-76.

卓越法律人才培养模式的选择①

涂 强

摘 要：我国现行的法律人才培养模式存在培养目标错位、培养模式相对单一、知识结构不合理，教师普遍缺乏实践经验、法律教育与法律职业脱节等症结，导致法律教育与法律市场需求不相适应。结合地方高校实施卓越法律人才培养计划的实际，比较北美、欧陆法律人才培养模式，更新教学理念，创新教学方式，建立高校与实务部门联合培养机制，实施教师继续教育工程，以培养合格的西部基层法律职业人才。

关键词：卓越法律人才；法律教育；法律实践；培养模式；路径选择

我国传统的法律教育强调法律精英人才的培养，与社会主义市场经济发展和法治国家建设的要求以及高等教育的大众化趋势不相适应，受到社会的广泛批评，承担法律人才培养、法学知识创新以及法治精神传承的法律教育面临严峻挑战。2011 年 12 月，教育部、中央政法委联合发文《关于实施卓越法律人才教育培养计划的若干意见》，指出法律人才培养质量成为我国高等法律教育改革的最紧迫任务，旨在改变培养模式相对单一，加强学生法律实践能力，培养应用型、复合型法律职业人才。本文以西部地方高校实施卓越法律人才培养计划为背景，按照法律人才培养类型化的要求，

---

① 本文系四川理工学院教改项目《卓越法律人才培养与课程体系重构》（项目号 JG—1249）的阶段性研究成果之一。

将培养西部基层法律职业人才为着力点，结合西部地方高校法律教育的实际展开讨论，以期对卓越法律人才的培养有所裨益。

一、我国法律人才培养模式的主要症结

近年以来，大学的扩招和法学作为朝阳专业使法科毕业生人数剧增，而法律人才培养与法律市场需求脱节，学生就业形势不容乐观，多为社会所诟。检讨我国现行的法律人才培养模式，主要存在以下症结。

（一）法律人才培养目标错位

我国法律教育的培养目标是培养德智体全面发展的，坚持四项基本原则，具有系统法学理论知识和实践能力的能够胜任法律事务的专门合格人才。该培养目标无法回答究竟是培养法律通识人才还是法律精英人才？我国正规法律教育长期发育不良，通过法律教育要培养什么人，应当确立什么样的培养模式，这些问题并没有搞清楚[1]。在此目标指引下，法律教育注重法学理论的灌输，注重课堂教学，忽视法律职业技能培养和法律实践能力的提高，致使法律市场需求与人才培养脱节。

（二）培养模式相对单一，知识结构不合理

长期以来，我国法律人才培养重理论知识、轻应用能力，重基础知识积累、轻实践能力的培养，各学校的培养目标、培养方案、课程设置大同小异，缺乏必要的法律技能训练和法律职业伦理教育，学生知识结构局限于法学专业课程理论层面，缺乏"活法"过程，与法律服务需求不能对接，与现代社会对既通法律，又懂经济，会外语的复合型法律职业人的需求不适应。但是法学本科阶段毕竟学时有限，不可能在四年之内完成知识结构的完善，这就预示着未来法律人才的培养模式将以研究生教育为主，这也向地方高校的法学专业的发展提出了挑战。

（三） 法学教师普遍缺乏法律实践经验，教学与实务脱节

多数院校的法学教师都是"从大学到大学"，接受纯理论灌输，停留在书斋闭门造车，普遍缺乏法律实践经验。当然，法学教师中也不乏兼职律师，这些教师要么案源少，从兼职律师成为了挂职律师，要么案源多，兼职律师成为了主业律师，无暇顾及教学研究。在目前的师资条件、教材体系、教学模式和考试框架下，学生难以接触到具体案例和社会实践，一定程度上制约了学生运用法律知识解决实际社会问题能力的锻炼。有的学校尝试进行案例教学、诊所式教学、讨论型授课等教学方法的推广和运用，但只是局部的尝试，并没有形成法律人才培养的主流教学方法。

（四） 法律教育与法律职业脱节

长期以来，兹因缺乏法律职业的引导和法律共同体的形成，我国法律教育缺乏应有的专业性和针对性，存在的突出问题就是法律职业与法律教育分离。法学从哲学分离出来，法学更多的是法律注释学，而未作为职业科学引入。法律教育缺乏必要的法律职业训练、法律技能培养和法律职业伦理的熏陶，学生的实习亦多流于形式，缺乏必要的职业素养。自 2001 年实行的国家统一司法考试是法律教育与法律职业对接的有益尝试，但并未从根本上改变法律教育与法律职业脱节的现实。

二、对卓越法律人才培养模式的反思

卓越法律人才培养模式本质上是法律教育教学改革项目，既不是评优，也不是评估，是促进法律教育的改革和创新形式，卓越法律人才培养计划也不是法律教育改革的唯一方案，它所代表的只是一种改革方式，而且法律教育的目的并不是将每个学生都必须培养成为卓越法律人才，也不是所有的院校都是实施卓越法律人才计划的范围，但法律教育的专业特点决定

了卓越法律人才计划的目标是培养法律人。法律人必须以坚实的法律知识为基础，以法律实践为桥梁，以法律信仰为引导，以法律操守为保障，用法律思维分析社会问题，用法言法语解说法律现象，用法律方法探究法律事实真相，用法律手段解决社会纠纷，将学生培养成通法律，懂经济，会外语的应用型、复合型法律职业人才。

作为实施卓越法律人才培养计划的西部地方高校按照分类培养的要求，适应西部跨越式发展的需要，面向西部基层政法机关，结合政法人才培养体制改革，应以培养应用型、复合型基层法律职业人才作为价值取向，以法律实践能力的提高为要义。法学是一门应用型的社会科学，具有很强的实践性。法律不是纯粹来自理论的阐释，而是地方性知识和对社会的深刻体认。马克思主义哲学理论体系的核心是实践，法学不能仅仅是从文本到文本，而是从理论到实践，将法学理论与法律实践紧密结合起来，法学才有生命力。法律教育和研究必须高度关注法律现实，旨在使学生能够利用，善于利用所学的法学理论、观点和方法去分析、解决法律问题。改革、创新卓越法律人才的培养模式，科学设计法律职业人才本科阶段的培养目标、培养方案、课程设置，强化法律共同体职业的伦理与社会责任，逐步将法律教育模式与国家司法考试和政法部门的职业化培养衔接起来，渐次建立健全以硕士研究生教育为主的法学学位体系，完善法律人才培养的工作机制和配套措施，实现法律教育资源的均衡配置。笔者认为，法律人才培养应立足于学校的实际，实施类型化、差别化的培养模式，对具有良好法律教育资源的高校应注重法学研究生教育，培养国际化高端人才，而地方高校则注重应用型法律职业人才的培养，确立法律职业教育和素质教育并重、大众教育和精英教育兼顾的培养目标。

三、北美、欧陆法律人才培养模式的比较与借鉴

国外法律人才培养相对成熟，因世界各国的社会发展、历史文化和法

律传统迥异，法律人才的培养教育模式和课程体系的设置也表现不同。国外法律人才培养模式以北美和欧陆模式为代表。

（一）北美模式

以美国为代表，美国法律教育是本科后教育，以律师作为培养目标，致力于培养律师职业所必备的职业知识与技能，学生须取得学士学位且有一定的工作经验，相当于研究生层次的职业教育。美国法学院一般设有法律职业博士学位（JD）、法学硕士（LLM）和法学科学博士（JSD）三种学位，其中法学硕士学制1年，通常是对某一领域法律知识的深化和加强，可以看作专门化或特色培养，只有部分院校开展这种教育和培养法学科学博士，以纯理论研究人员为培养方向，法律职业博士是美国法律教育的绝对主体[2]。

（二）欧陆模式

以德国和日本为代表，德国的法律教育属高中后教育，法律教育包含基础知识学习和司法实务训练两个阶段，融合了本科层次的基础教育和相当于研究生层次的职业教育两种形式，法律教育主要集中在本科层次，但司法研修一般需经过二至三年的时间，法律从业者必须通过国家司法考试。该模式是本科教育与司法研修的复合，既是精英法律教育的渠道，也是高端应用型人才培养的平台。日本的法律教育也是本科层次教育为主，亦是本科基础教育和本科后的职业训练的培养模式，但与德国不同，倾向于通才教育，在完成本科学士教育基础上，经过司法考试后，再到日本最高法院举办的进修所进修两年，并通过考试方能真正获得从事法律职业的资格证[3]。

无论是北美模式还是欧陆模式，均将法律教育定位为法律从业人员的培养，既注重法学理论教育，又注重法律训练，确保法律教育与司法实践的有效对接，可资借鉴。但因社会经济发展和法律文化传统的差异，以及卓越法律人才培养的类型化要求，我国部分重点院校法律高端人才的培养，可借鉴北美模式。我国法律传统秉承大陆法系，法律教育有欧陆风格，针对法律职业培训和法律实践训练的不足，地方高校可借鉴欧陆模式。我国法律教育模式也是高中后本科教育为主，通过入学考试进入法学硕士阶段培养，同时对非法学专业的招收法律硕士，相当于美国的法学院培养模式，主要培养高级复合型法律人才。在此基础上，通过考试进行法学博士的培养，主要培养法律教育和研究人员。

另外，澳大利亚的法律教育也独具特色，法学本科教育与其他专业的本科教育同时进行，经过六年左右获得双学位。四川理工学院和其他高校一样，也在积极开展法学专业双学位课程班，探索培养复合型人才，并为法律硕士培养申请提供平台。

四、卓越法律人才模式的培养路径

卓越法律人才培养模式可以通过矩阵分析方法，探索教学改革路径。卓越法律人才矩阵的纵坐标是学生的法学理论素养、法律实践能力和法律职业伦理以及社会经验的体认。横坐标是教学环节的科学设置，纵坐标是通过横坐标实现的，在此矩阵中，纵横交错，师生互动，教学相彰，法学理论和法学实践紧密结合。围绕基层法律职业人才的纵坐标，对地方高校实施卓越法律人才培养计划的横坐标路径，作如下探索。

（一）更新教学理念，突出法律实践能力培养

教学理念上，以融通识教育、素质教育、职业教育和应用能力培养于一体，突出法律实践能力培养为主。改革既有法学精英人才培养模式下重法律知识的培养、轻法律经验的培养，重理性知识的养成、轻实践能力的养成，重抽象思维的训练、轻实务操作训练的定位，向重视法律运用能力和法律实务操作能力培养的法律职业教育模式的转变，全面提升学生的综

合素质[4]，培养一批具有奉献精神、较强实践能力，能够"下得去、用得上、留得住"的基层法律人才。

（二）创新课堂教学方式，强化法学实践教学环节

正确处理课堂教学和实践教学的关系，明确课堂教学是实践教学的基础，学生的法律诠释能力、法律推理能力、法律论证能力以及探知法律事实能力的提高离不开法学理论的指导。创新课堂教学方式，加大实践教学比例和法学实践环节内容，将课堂教学与实践教学融为一体。地方高校还应利用现有条件，加强校内实践环节，开发法律思维、法律方法、法律技能和法律职业伦理课程，搞好案例教学，办好模拟法庭、法律诊所等。

（三）建立高校与实务部门联合培养机制

从理论走向实践，从学校走向社会，积极开展与法院、检察院、司法行政、律师事务所、公证处等实务部门的交流合作，争取实务部门的支持和参与，共同制定卓越法律人才培养的具体标准，共同设计法律实践的课程体系，共同开发法律实践教材，聘请法律实务部门作风正派、经验丰富，有相当法学理论素养的法官、检察官、律师等共同组织教学团队，探索建立高校与法律实务部门人员互聘制度，建设一支专兼结合的法学师资队伍，建立学校与实务部门的交流平台，共同建设实践基地，培养学生的法律职业共同体的认同感。

（四）实施法学教师继续教育工程

实施卓越法律人才培养计划，推进法学教师继续教育配套工程，不断提高教师法学素养和实践能力，要求法学教师积极参加国内外学术研讨会，对法学前沿问题开坛讲座，使学术成果得到共享和推广；鼓励教师攻读在职博士或进入博士后工作站深造，或到国内高校或国外的大学作访问学者；鼓励教师指导学生学术创新团队，提高学生的创新能力和实践能力。同时

安排教师从学术走向实务，到司法机关挂职锻炼或参加人民陪审员的遴选，建立法律共同体，促进卓越法律人才计划的有效实施。

参考文献

[1] 黄中显. 适应性法律人才开放式培养理念与路径选择——以中国-东盟法律人才培养为视角[J]. 东南亚纵横,2009(9):65-69:

[2] 杜志淳,丁笑梅. 国外法律人才培养模式述评[J]. 华东政法大学学报,2011(3):157-160.

[3] 陈铁水. 日本法律人才培养模式的评析与启示[J]. 云南大学学报(法学版),1998(1):104-111.

[4] 于维同,周绍强. 卓越法律人才培养模式的探究[A]//中国法学会法学教育研究会2011年年会论文集[C]. 2011:143.

卓越法律人才培养方案设计与优化[①]

——以四川理工学院为例

缪 锌

摘 要："卓越法律人才教育培养计划"为推动法学教育的改革指明了方向和提供了契机。其落实则需要大量的投入和精心的设计。要根据学校特点、项目要求和社会需求，科学地设计课程体系和培养方案，在促进学生成才路径的选择上，除需要明确卓越法律人才的培养目标，注意培养方案实施的具体问题，厘清培养方案设计的相关配套改革外，还需要对已有人才培养方案的进一步优化，且体现出学校特点和社会需求。科学的培养方案，有助于西部地方理工院校卓越法律人才的最终培养。方案设计者的创新精神和具体方案设计将决定其实施的成败。

关键词：卓越计划；培养方案；设计与优化；人才培养

当前，法学教育进入了快速发展阶段，既面临发展的挑战和机遇，又面临瓶颈和期待[1]。应对挑战，抓住机遇，打破瓶颈，回应期待，推动法学教育适应社会发展和时代要求，是法学教育界理应肩负的责任。"卓越法律人才教育培养计划"为推动法学教育的改革指明了方向和提供了契机。

---

① 本文是四川理工学院 2013 年教学改革项目"卓越法律人才培养方案设计与优化"（JG—1351）成果。

遵循教育部、中央政法委分类培养卓越法律人才之规定，制订突出"实践"与"特色"为核心的卓越法律人才培养方案显得迫切及必要。除需要明确卓越法律人才的培养目标，注意培养方案实施具体问题，厘清培养方案设计的相关配套改革外，还需要对已有人才培养方案的进一步优化。基于四川理工学院实际，立足于强化学术与实践，强调实践教育、服务社会贯穿于教育教学和人才培养的全过程，是培养卓越法律人才的重要环节。通过"法学院—实务部门"共同制定培养方案、优化课程体系、共建实训实践基地等方面的常态化、全方位、规范化的合作，联合培养基层法治建设急需的复合型、应用型和特殊适应性的法律职业人才是一种有益的尝试。

一、立基于四川理工学院特色的"卓越法律人才教育培养计划"的培养目标

该培养方案包括专业培养目标、人才培养规格、人才培养模式、课程体系、校内外师资队伍情况等。笔者以为，培养方案设计者的思维创新，应首先明确法学教育的目的是培养法律人才，并最终适应社会的需求，而非培养社会想要的人才。也只有在准确定位专业培养目标的基础上，才能构筑培养方案的整体并予以实施。对此，学界众说纷纭，标准从未统一，也从未相互说服。"学术型""博雅型""通识型"等观点从其自身角度阐明了立场，而言之其理[2]。但着眼法学教育的全面把握，特别是对法学本科阶段教育的深刻认识，法学教育界通常认为，法科学生培养目标的着眼和着力点，应当以"高素质的法律职业人才"为主。

"卓越法律人才教育培养计划"提出的培养目标，即"适应多样化法律职业要求，坚持厚基础、宽口径，强化学生法律职业伦理教育、强化学生法律实务技能培养，提高学生运用法学与其他学科知识方法解决实际法律问题的能力，促进法学教育与法律职业的深度衔接"[3]，具有对现实问题的准确把握和深入分析，具有强烈的改革意识和现实指导意义。它对我国法

学教育的主要培养目标做出了准确的判断和明确的定位，并在此基础上，提出了符合我国法治发展实际需求的分类培养法律人才的设想。"卓越法律人才培养计划"专门培养三类法律人才，即"应用型、复合型法律职业人才""涉外法律人才"和"西部基层法律人才"。

结合四川理工学院的办学理念、特色和区域位置，学校"卓越法律人才教育培养计划的培养目标"应当定位于专门培养"西部基层法律人才"。培养目标为：培养具备系统的法学专业基础知识、理论和扎实的实务技能，具有社会主义法治理念、实践能力、创新精神和良好的人文素养，能胜任国家机关、企事业单位和社会团体特别是司法机关、法律服务机构相应法律实务工作的面向西部基层的应用型、复合型高素质法律人才。

二、培养方案设计时须注意的问题

上述培养目标的确立，为法学教育课程设置奠定了前提。建构课程体系，须沿循培养高素质法律职业人才的规律，按照教育部设置的核心课程，科学地设置各类法学课程。

第一，应当改变对法学教育性质的固有认识，实现从通识教育到职业教育的转变。国家和社会需要各种法律职业的专门人才，决定了法学教育的性质是职业教育，而不是通识教育。"卓越法律人才教育培养计划"的实施，促使法学专业教学步入传授法律知识、训练法律职业技能、培养法律职业素养的轨道[4]。

第二，法学课程的设置立基于法学教育规律性的研究，应当建立与培养高素质的法律职业人才具备的知识、素质和能力相适应的课程体系。课程设置不应以法学学科分类或部门法的划分为标准，简单地做出对应性的课程设置。当然，核心课按照教育部规定的 16 门课程[5]为准，围绕这些课程建立相应的体系。设置非核心课程时，须考虑这些课程对培养高素质法律职业人才有哪些实际作用，切忌课程因人设置，导致学生的必修课学分远远超过选修课学分，学生选课的空间日益压缩，难以进行有效培养。

第三，课程设置不应追求"大而全"的局面。我们应该清醒地认识到，各个法学院（系）办学条件和优势不同，其具体的培养目标和类型也有所差异，因此其培养方案和课程设置也应当各有特色，不应千篇一律，搞"大而全"。"卓越法律人才培养计划"鼓励各实施主体发展差异性和多样性的法学教育。

第四，我国法学教育正处于蓬勃发展的阶段，但对于法学教育规律的把握尤其是实践课程设置的深入研究还非常缺乏。课程设置需要相当的精力和时间进行研究。作为培养方案的设计者除了了解教育学常识，还应当探索法学教育的规律和高层次法律职业人才培养的路径。

第五，核心课程和整个课程体系服务于高层次法律职业人才应当具备的基本素质和能力（尤其实践能力）。"卓越法律人才培养计划"提出的每一类模式的具体培养目标和就业出路都有所不同，其基本素质也应有所不同。课程设置和培养方案作为实现某一具体培养目标的路径也就因此而有所不同。以西部基层法律人才培养模式为例，此类培养模式是为了"培养应用型、复合型法律职业人才"，适应西部跨越式发展和长治久安的需要，结合政法人才培养体制改革，面向西部基层政法机关，培养一批具有奉献精神、较强实践能力，能够"下得去、用得上、留得住"的人才。此类培养模式所需要的课程设置和培养方案应当根据其应当具备的独特素质和能力，设计出不同的课程体系和培养方案。

三、培养方案设计的相关配套改革

（一）人才培养模式的改革措施

重点探索学校与实务部门共同培养人才的途径，实行"3+1"培养模式，形成学校与实务部门"双向互动"的人才培养新机制，让实务部门自始至终参与人才培养的全过程，实现校地的良性互动，增强人才培养的适应性。广泛吸纳司法工作者或校友参加学校的各类咨询委员会、课程设置委员会、教学质量评价委员会等。特别要在培养目标、课程设置、教学过程、毕业生所需核心能力、毕业生质量评价、实践教学等方面充分发挥实务界的作用。

（二）理论教学的改革措施

（1）改进课堂教学方法，培养学生的创新思维。将"指导性"的教学模式应用到专业课程的授课过程中，教师教学从传统的"填鸭式"转向"互动式"，学生主动参与，培养学生学习过程的创新思维。课堂教学方法具体包括：课堂前的学习材料与学生准备；课堂上学生提交报告、论文或文书；学生自由讨论或辩论；教师对学生提交的报告、论文或文书进行评讲；教师对学生的讨论进行点评指导。

（2）增强理论教学与实践教学的融通性，采取"请进来"方式，由实务部门的法律专家主讲有关司法实务课程。

（三）实践教学的改革措施

（1）构建完整的实践课程体系。遵循由表及里、由浅入深、循序渐进的教学规律，构建层级式的完整实践课程体系。根据教学进度，安排认知实习、专业实习、法律实务训练、毕业实习。

（2）深化实践课程教学。实践课程教学应具有鲜明的目的性和实效性，克服实践教学流于表面化、形式化的弊端，提高学生的法律应用能力。实行"双导师"制度，由学院指导教师和实习单位指导教师共同负责学生的实习指导，并创造条件使实习生更深入地参与到法律实务工作中，在实践中得到锻炼和提高。

（3）加强校外实践教学基地建设。通过"请进来、走出去"的措施，构建专任教师与实务部门专家互动机制，共同制订实践教学计划，组织实践教学，指导学生进行实训和实习。拓展校外实践教学基地的类型，以适应培养应用型、复合型法律职业人才的需要。

（四）师资队伍建设的改革措施

（1）强调教学改革的实质性参与。教学改革的关键是教师，法学专业校内外教师均参与研究、制定、修改培养方案。强化教学研究，促进教学团队建设，提升专业教学水平。

（2）打造"双师型"师资团队。每年校地双方互派人员挂职锻炼，打造一支知识结构合理、优势互补和特色鲜明的教师队伍。

（五）教学评价改革

建立完善系统的自我教学质量评价系统。重点建立健全学校培养目标与社会对人才培养要求的一致性评价制度，建立课程、教学内容、教学方法对学生核心能力培养的有效性评价制度，社会对学校教学与毕业生质量的评价制度、校友追踪调查制度等。

（六）教学管理改革

卓越法律人才教育培养计划班实行学校（教务处）、二级学院、实务部门"三方二级"管理模式，二级学院为管理主体，实务部门为校外培养过程管理主体。

四、"卓越法律人才教育培养计划"的培养规格

契合四川理工学院多年的办学经验及人才培养之路，通过培养方案的实施，学校"卓越法律人才教育培养计划"试点班学生应具备以下核心知识、能力与素质：（1）政治坚定、身心健康、社会责任感强、良好的职业道德操守；（2）系统的学科专业知识；（3）相关学科知识；（4）有效表达与交

流的能力；（5）批判性思维能力；（6）获取知识的能力；（7）综合运用知识的能力；（8）创新能力；（9）法学思维方法与科学研究方法；（10）系统掌握一门外语和计算机基本知识；（11）具有"扎根西部、服务西部、建设西部"的"西部意识"。

五、"卓越法律人才教育培养计划"的人才培养模式

"卓越法律人才教育培养计划"的人才培养模式为"3+1"方式。对于这一人才培养模式的运用和具体实施又分为两种情形。其一，实施4年两阶段"3+1"融贯式培养：将第一阶段规定为3年的在校学习和基础实习实践，累计1年在实务部门学习和做毕业论文；其二，"3+1"的时段分散于各个学期，而不做时间上的连贯要求，对人才培养的在校学习和校外实习，达到毕业规定要求即可。根据四川理工学院的实际，权衡各方面利弊，学校实验班采取了第二种"3+1"方式。从各方信息反馈来看，此方式，更有助于学生的"边学边用"，"学习效果检验"，"服务社会"。

六、"卓越法律人才教育培养计划"的课程体系

上述专业培养标准和人才培养目标的确定，为"卓越法律人才教育培养计划"的课程体系设置奠定了前提。建构课程体系，须沿循培养高素质法律职业人才的规律，按照教育部设置的核心课程，科学地设置各类课程。

（1）强调通过"国家司法考试"作为法律人的必备"敲门砖"，在素质教育课程平台"创新与实践活动"板块，专门认定"国家司法考试"通过者可以获得1学分。

（2）教学体系遵循专业教育的基本要求和规律，通识教育平台不变，执行学校相关管理办法，如"思想道德修养与法律基础""英语""中国近现代史纲要""体育"等。

（3）专业课删除了与培养目标脱节的"罗马法学""比较宪法学""世

界贸易组织法学"等理论课程，添加了"律师与公证制度""侵权责任法学"等课程，根据各课程特点，由各任课教师提交法学院"卓越法律人才教育培养计划"领导小组确定考核方式。

（4）基础课程设置如"法经济学""法学专题讲座""检察实务""审判实务"，主要针对学生宽口径、厚基础的知识构建及司法实践运用能力的形成。

（5）在实习实践环节，一是新增第四学期的认知实习，二是将第六学期专业实习增加到 5 周，三是新增第七学期的法律实务训练。

核心课程和整个课程体系需服务于高层次法律职业人才应当具备的基本素质和能力（尤其实践能力）。申言之，四川理工学院的"西部基层法律人才"培养就是为了培养"应用型、复合型法律职业人才"，"适应西部跨越式发展和长治久安的需要"，结合政法人才培养体制改革，面向西部基层政法机关，培养一批具有奉献精神、较强实践能力，能够"下得去、用得上、留得住"的人才。此类人才培养模式所需要的课程设置理所应当"求同存异"。

七、本方案特点

（1）课程体系优化。纯理论教学内容减少，实践教学比例大量增加（占总课时量的 30%）。

（2）教学方式创新。专业拓展型课程结合法律实践、实训，采取校内外教师相结合的方式开展"以案说法"式的系列教学活动。

（3）实践教学突出。强调第一课堂与第二课堂有机结合，依托校地共建基地，积极开展实务训练、大学生科研等科技创新实践活动。

（4）考核方式科学。在传统课程考试考查模式下，增加学生实践环节在学习成绩中的比重，调动和发挥学生学习的主动性和积极性，促进学生认知司法与执法情景语境，提高学生的适用法律的能力。

八、结语

　　培养方案的制订是一门科学，建立在既符合自身办学优势，满足社会需求，又适应某一专门型的法律人才所应当具备的基本素质和能力的基础上，务必有针对性地进行设计论证和实施。从四川理工学院"卓越法律人才教育培养计划"培养方案的实施现状来看，人才培养特色初现，实务部门反映较好。但作为培养方案的制订者"摸着石头过河"，深知任何培养方案的制订是一门"技术活"，即便有扎实的前期调研与论证，在卓越计划培养方案的设计与实施过程中也避免不了试点及试错。

参考文献

［1］苏力.当代中国法学教育的挑战与机遇［J］.法学,2006(2):12.

［2］王晨光.卓越法律人才培养计划的实施——法学教育目标设定、课程设计与教学安排刍议［J］.中国大学教育,2013(3):5-6.

［3］中华人民共和国教育部,中国共产党中央委员会政法委员会.教育部 中央政法委员会关于实施卓越法律人才教育培养计划的若干意见.2011.

［4］吴斌、缪锌.服务性学习指领下基层应用型法律职业人才培养机制研究——以四川理工学院为例［C］//中国法学教育研究 2013夏季论文集.48-68.

［5］中华人民共和国教育部高等教育司.普通高等学校本科专业目录和专业介绍.北京：高等教育出版社,2012:67.

地方高校法学专业课程体系改革的构想①

涂 强

摘 要： 在实施卓越法律人才培养计划语境下，以培养西部基层法律职业人才为目标，针对现行法学专业课程体系与教学内容的不足，对课程体系构成作分析，提出建立法学专业课程模块、形成专业特色，完善课程体系、培养法律专业能力，改进法律实践课程，提高学生综合能力的构想，正确处理法学专业课程与法律体系、法学体系，以及与实践教学和司法考试的关系，使法学专业课程体系化、科学化。

关键词： 地方高校；法学专业；课程体系改革；卓越法律人才

我国传统的法学专业本科教育与法律市场需求脱节，学生普遍缺乏法律实践能力，多为社会所诟，成为制约法律人才培养的瓶颈。四川理工学院以实施卓越法律人才教育培养为契机，按照法律人才培养类型化的要求，改革法学专业课程体系，以培养西部基层法律职业人才为目标，改变传统课程体系模式，重构科学合理、开放应用的课程体系，培养学生以法律知识为基础，以法律实践为桥梁，以法律信仰为引导，以法律操守为保障，用法律思维分析社会问题，用法言法语解说法律现象，用法律方法探究法律事实真相，用法律手段解决社会纠纷，将学生培养成面向西部、面

---

① 本文系四川理工学院教改项目"卓越法律人才培养与课程体系重构"（项目号 JG—1249）的阶段性研究成果之一。

向地方、面向基层，通法律、懂经济、会外语的应用型、复合型法律职业人才。

一、对现行法学专业课程体系与教学内容的检讨

为适应社会主义法治国家建设和市场经济对法律人才的需求，全国高校陆续开设法学专业，法学毕业生数量剧增，就业形势严峻，而法律市场对应用型、复合型法律职业人才阙如，法律教育供给与法律市场需求矛盾。反观我国现行的法学专业课程体系与教学内容，法律教育往往囿于课堂灌输和简单的逻辑推演，与法律实践脱节，与社会需求脱节，甚至认为可以用数理逻辑的推导方法，将简单的法律规范适用于一切事物、解决一切纠纷。按这种方式训练出来的学生一到社会上，便会发现原来简单明了的法律规范存在很大的伸缩余地，运用所掌握和了解的法学理论和法律规范解决千奇百怪的社会问题有相当的难度，因此就会显得手足无措、无所适从[1]。对此，我国法学教育界对法学教育改革作了积极探索，尝试课程体系的重构和教学内容、教学方法的改进，如坚持理论讲授为主，兼顾案例分析和课堂讨论，通过模拟法庭、法律诊所教育，法律实务部门实习、见习等使学生亲历感受有关诉讼程序和法律角色的认知。但从根本上，现行的法学教育始终没有改变以理解法律含义、讲授法律知识为主的教育模式。究其原因，笔者认为，这主要是与法学专业课程设置和教学内容安排有关。目前法律课程的开设因循法学体系或法律体系标准，几乎涵盖所有部门法域，而法律实践课程甚少，与市场经济、社会发展和法律市场对复合型、实践型法律人才的需求不相适应。

四川理工学院于 1994 年设置法学本科专业，成为全国地方高校中较早开设法学专业的学校，为社会培养了 3000 余名法律专业人才。但是，和其他西部地方高校一样，法学专业建设相对滞后，法律人才培养面临严峻挑战。四川理工学院不断致力于法学教学改革，每年修改教学计划，搭建学

科基础教育和实践教学平台，开展法学专业双学位教学，仍存在诸多不足，主要表现为以下两方面。一是课程设置不甚合理。按照教育部的专业目录而设置的十四门核心课程，其中理论课程比例偏大，法律实务课程主要是学年论文、毕业论文写作和专业实习，以及 30 课时的法律实务训练。另外，基础教育课程的设置不够系统。我院法学专业教学计划在选修课方面涵盖广泛，甚至包括社会学、经济学、高等数学等方面的课程，显得比较散乱。二是教学内容较为僵化。传统的教材编写偏重于对法律规定的理论阐述和法律条文的注释，而对有关法律疑难问题的分析和解决缺乏足够的阐释和论证，学生只能通过书本了解法律理论和法律规定，因此学生的法律实践能力难以提高。

二、法学专业课程体系构成分析

法学专业课程体系的重构，应注重融通识教育、素质教育和应用能力培养于一体，在卓越法律人才培养模式语境下突出实践教学，重点培养学生的法律职业能力。法律职业能力主要包括：①法律观察能力（认知事实能力、发现问题能力、分析采信能力）；②法律思维能力（法律抽象能力、法律形象思维能力、法律逻辑能力、求异思维能力和法律推理能力）；③法律实践能力（法律语言表达能力、法律写作能力、法律实务操作能力、团队合作能力、心理承受能力和独立工作能力）。为此，法学专业课程体系应主要包括以下内容。

（1）大学计算机基础、大学外语、大学语文、大学体育、毛泽东思想和中国特色社会主义理论体系概论、马克思主义基本原理概论、中国近代史纲要和思想道德修养与法律基础等公共基础课程体系。

（2）中国法制史、法理学、宪法学、行政法与行政诉讼法学、刑法学、刑事诉讼法学、民法学、婚姻家庭与继承法学、知识产权法学、民事诉讼法学、商法学、经济法学、环境与资源保护法学、国际法学、国际经济法学、国际私法学等学科基础课程体系。

（3）具体部门法学的专业课程体系，旨在培养学生的法律发现、运用、推理与解释应用能力。

（4）实践课课程体系。主要包括校内法律实务训练基地、模拟实验教学实践（模拟法庭和法律诊所）、法律实务训练教学（法律援助、法律咨询、毕业实习、法庭观摩）和校外实践基地。

（5）素质拓展与创新实践体系。通过公共选修课与专题教育课程体系，实现理工、人文、经济、管理等学科专业渗透法学专业应用能力培养的跨学科课程，培养学生的素质拓展与创新能力。

为构建卓越法律人才培养课程体系，必须依托校内法学训练基地和校外实践基地，构建课堂教学实践、模拟实验教学实践和法律实务训练平台，并将其纳入专业教学计划，分层次、按阶段、有计划、有步骤地组织实施，增强学生的实务操作能力和法律运用能力，提高学生的法律诠释能力、法律推理能力、法律论证能力以及探知法律事实的能力[2]。

三、法学专业课程体系和教学内容的重构

（一）建立法学专业课程模块，形成专业特色

四川理工学院是以理工为主、兼顾管理学等多学科的一所综合性大学，法学专业亦为特色专业。在坚持法学专业基本要求的同时，在方向上也体现了理工院校特色。法学院的法学专业主要为民商法方向，在"大法学"基础上建立民商法、刑事法、行政法三个专业课模块。在民商法专业模块中，突出商法，尤以企业法、金融法、保险法、证券法为最，借助学校经济管理学院的企业管理、会计、金融专业等学科优势，并以法学院招收挂靠管理学硕士为契机，实现学科之间的交叉研究。在刑事法专业模块中，以法学院与自贡市人民检察院和与自贡市中级人民法院建立的基层法律监督中心和审判研究中心为实践平台，实现法律理论教学研究与法律实践的

有效结合。在行政法专业模块，以法学院开设的行政管理专业为依托，实现资源互补，为学生参加公务员考试培训提供支持和帮助。

（二）完善课程体系，培养法律专业能力

地方高校本科法律教育旨在完善课程体系，优化知识结构，培养法律人。法律人应突出专业性、应用型，为此，我们所培养的法律职业人才以面对社会纠纷的法律处理为出发点。司法实践中，一个案件的处理大致可以分为两个步骤，即首先进行事实审查，其次进行法律审查。传统的课程体系设置重法律审查，忽略事实审查。认为事实审查只是法律适用的前奏，并非法律本身的问题，因此也不是法学所应该探讨的[3]。目前我国高等学校法学教育过于理想化、学术化，整个法学教育课程体系安排以理论研究为导向，而非以实践应用为导向。改革现有课程体系，培养学生探知法律事实的能力势在必行，为此我们学院开设了《证据学》《刑事侦查学》《犯罪心理学》等相关课程，取得了预期的教学效果。但是应当看到，这尚不足以全面提高学生的法律专业能力，还应该根据专业需要与教学可能，开设相关的法律英语、法律谈判、法律辩论、司法会计、法医学等技术性课程。例如，民商法专业模块人才培养，还应开设企业管理、会计、金融等经济管理选修课程，当然这些课程的开设必须充分考虑总课时和教学资源的限制。

（三）改进法律实践课程，提高学生综合能力

学生通过课堂教学所接受的法学理论必须与法律实践有效结合起来解决法律问题，法律才有生命力。目前的法律教育理论课时与实践课时比例失调，应改进法律实践课程，增加法律实践课时。法律实践课程的改进，可在既有的课堂教学中广泛采用案例教学法的基础上，改变教师主导教学的方式，以学生发问的方式引发，培养学生发现问题、分析问题和解决问题的能力，训练学生的口头语言表达能力和司法文书写作能力，培养学生

对法律职业的"孤独者"职业的体认，培养学生的法律职业伦理操守。利用现有的实践教学基地条件，拓展与司法机关、律师事务所、公司企业、社区等的深度合作，安排学生见习、实习，采取"双师制"，法律实践"学徒式"教学，引导积极参与法律实践，在"规范与事实"中，积累实践经验，学会法律适用，从而有效提高学生的综合能力。

四、法学专业课程体系改革应当处理好的几个关系

（一）处理好与法律体系、法学体系的关系

处理好法学专业课程与法律体系、法学体系的关系是重构法学课程体系的逻辑前提，教学实践中，对法学专业课程体系的构建和培养方案的设计与法律体系结构和法学体系之间的关系纠结不清。法学课程体系目前在理论上并无明确表述，一般是指纳入法学本科教学计划的各门法学课程组成的整体，既包括法学理论课程体系，也包括法学实践课程体系。法学体系是由法学的全部分支学科构成的统一整体，而法律体系通常指由一个国家现行的部门法构成的有机联系的统一体。从法律发展史上说，是先有法律，而后才有法学，法学课程体系的构建应当以法学为逻辑基础，主要是但不局限于法律体系为研究对象，因此，法学课程体系与法律体系、法学体系的关系的逻辑顺序是法律体系—法学体系—法学课程体系。

（二）处理好法律理论教学与实践教学之间的关系

法律教育具有理论和实践的双重品格，只有将两者有机结合起来，才能培养出卓越法律人才。卓越法律人才教育培养计划之所以如此重视实践教学，在培养机制方面提出要创新"高校与实务部门联合培养机制"，积极推进"双师型"教师队伍的建设，是为了克服以往灌输式法律教育中存在的重法学理论知识传授、轻法律实践能力培养的主要弊端，是通过法律职业培训平台将以往流于形式的法律教学实践具体落实，以切实提高其实践

能力。不过矫枉无须过正，没有实践作为依托的理论只能是空洞的理论，没有理论指导的实践也只能是盲目的实践。强化法律实践教学，并不表示可以弱化法律理论教学，法律理论教学与法律实践教学紧密结合、相互贯通才是符合理论联系实际这一马克思主义认识论和辩证法基本原理的科学选择[4]。

（三）处理好与司法考试的关系

法学教育与司法考试的关系始终是热点问题，关乎法律教学的走向。目前高等教育已经从精英教育演变成大众教育。法学专业的学生就业率低与学生选择法学专业的热情呈现"冰火两重天"，为提高法学专业毕业生的就业率，司法部改革国家司法考试，允许大学四年级学生参加司法考试。该项改革对大学法学教育产生了重大影响，通过国家司法考试成为法学专业学生成为法律人的首选，司法考试通过率也成了衡量办学水平的一个重要指标。为帮助学生通过司法考试，不少高校法学教学出现了"司法考试倾向"，司法考试内容成为教学与考试重点。笔者认为，法学教育与课程体系的重构与教学内容的安排应充分考虑司法考试的大纲要求，但不能完全以考试大纲为中心展开，应当明确，司法考试只是法律人才选拔的一种手段，卓越法律人才的培养，只能是引导学生通过国家司法考试成为法律人。正如曾宪义教授所言，"司法考试是一个中间环节，它是在法学教育和法律职业之间架起的一座桥梁，其制度价值在于将符合现代法治要求的法治精英选拔到法律职业队伍中"[5]。

参考文献

[1] 高向平. 法学专业课程体系和教学内容的改革与完善[J]. 黑河学刊, 2009 (2)：102-104.

[2] 于维同, 周绍强. 卓越法律人才培养模式的探究[A]//中国法学会法学教育研究会

2011 年年会论文集[C]. 145-147.

[3] 燕善敏. 法学课程体系改革的构想[J]. 彭城职业大学学报, 2004(12):14-15.

[4] 阳建勋. 浅谈卓越法律人才培养中的六大关系[J]. 经济研究导刊, 2012(10):125-126.

[5] 曾宪义. 构筑法学教育与司法考试的新型互动关系[J]. 中国律师, 2002(4):18.

法学教育中法律理念树立与法律思维培养探讨
——以刑法教学为例①

江凌燕

　　摘　要：目前法学教育较注重法学知识的传授和司法考试的通过率，对法学理念的传导与养成不够重视，这既有碍于学生法律思维模式的培养，也使学生毕业后难以适应不断变更的法律环境需要，甚至在面对作为舆论热点的刑事案件时，仍难以以法律人的视角进行正确评价，因而树立法律理念应是目前法学教育，包括法律思维模式培养不可忽略的环节。

　　关键词：法学教学；法律理念；法律思维；刑法教学

　　在法条随社会发展不断变迁的背景下，法律人与普通人群分野的标志已不再是对法条的诵记程度，而是如何在法律理念的指引下以法律思维模式评价法律现象和解决法律问题。因而，法学教育成功的关键也正是树立法律理念，培养法律思维。而不同的法律部门，其法律理念与思维均存在特殊性，且法律教育主要是通过对各基础性法学学科和部门法教学进行的，因而如何在具体的部门法教学中通过学生对该法律部门法律理念的养成形成系统的法律理念和法律思维意义重大。而本文则主要以作为法学主干课程之一的刑法学为例，来探讨法学教育中法律理念树立和法律思维模式培养的意义。

---

　　①　四川理工学院 2013 年教改课题"刑法教学中法律思维模式培养研究"（课题编号：JG—1354）成果。

一、法律理念养成在法学教育中的重要性

法律理念就是对法律的本质及其发展规律的一种宏观的、整体的理性认知、把握和建构。它是比法律观念、法律表象、法律概念、法律意识等更高层次的理性认知形态。正如理性作为人类心灵深处的精神存在较知、情、意等表面存在更幽深一样。法律理念是一种理智的思想,是一种方法,是一种态度,是认识论、方法论和本体论有机结构的产物[1]。正因为如此,法律理念引导着法律人的价值观,决定着法律人在面对法律现象和法律问题时不同于普通人的法律思维模式和行为模式。

(一) 法律理念决定着法律人的价值取向

虽然当今的法科学生在巨大的就业压力之下,已不再只局限于从事法律相关职业,但无可否认,法律人仍然是法学教学的培养目标。而法律人主要有两个类别:一是法官、检察官、律师等法律职业群体;二是法学研究人员。法律职业群体通过直接解决法律纠纷,以对个体正义的追求影响一般正义的实现;法学研究人员则通过对法律现象的评价与反思影响司法及立法。因此,无论是法律职业群体还是法学研究人员,其价值取向对社会的司法及立法均有重要影响。而他们在立法及司法中的价值取向无不来自于其在接受法学教育阶段所接受和信仰的法律理念。当然,不同的法律理念则决定了不同的价值取向。以刑法学为例,中华法系传统的立法体例是诸法合体,刑民不分的,这源自"重刑轻民"法律理念的指引,直到清末沈家本借鉴西方近代法律分类的理念才开始将不同的法律部门予以分别立法;而新中国建立起来的第一部刑法之所以存在类推制度,则是受到传统的有罪推定理念的影响;而 1997 年修订的刑法则在人权保障等现代法律理念的影响下,最终确立了罪刑法定原则。作为法律人,尤其是法律职业群体则应在平等、正义的法律理念指引下坚守中立、客观的价值取向。

(二) 法律理念是构建法律思维模式的首要环节

法律思维模式是法律人在决策过程中按照法律的逻辑，来思考、分析、解决问题的思考模式，是职业法律群体特有的思维定势或思维惯性。而这种思维定势或思维惯性是以对法律理念的认知与认同为起点的。例如，正是基于对平等理念的认同，才有了法律人在证据的基础上对案件予以理性评判的法律思维模式，从而自觉排斥情感、舆论的影响。而且不同法律理念也决定着法律思维模式的不同范式及特征。例如，典型的法律人的思维范式主要有三种，即"崇法型思维""独立型思维"与"保守型思维"。独立型思维意味着法律人在法律活动中应当服从宪法与法律而相对独立于社会舆论、行政机关甚至立法机关与其他法律家个体，自觉抵制其他个体或国家机关、社会团体的非法干预；保守型思维则指法律人在分析处理法律问题时应当尽可能地依照遵循先例的原则解释和适用法律，以保证法律的稳定性和可预见性，而不能任意改变法律规则与法律原则；崇法型思维则具体体现为法律人在法律认知活动过程中唯法是从的"法律权威意识"[2]。应当讲，独立型思维正如前述之例，是基于对平等理念的认同，是对公平正义理念的自觉运用；保守型思维则基于对法律稳定、谨慎经验的认同，而具体以刑法为例，则以对刑法谦抑理念的认同为前提；崇法型思维则源于法律至上的价值理念。而在今天法治理念的作用下，前瞻性思维、程序性思维等法律思维模式也已经成为法律人必然的思维范式。可见，让法科学生认知与认同法律理念，是在以构建法科学生法律思维模式为首要目标的当今法学教育中不可或缺的首要环节。

二、目前法学教育在法律理念树立上的误区

(一) 重知识点而轻理念

今天的法学教育虽然已抛弃了传统的仅有的"知识填鸭式"教学，但

将法学教育当作知识教育而非理念教育的模式依然是目前法学教育的主流，即将法学教育的内容分割为普通的知识点，如法律概念、法律规则、法律规范等进行灌输，着重知识点的讲解与掌握，尤其是以法律规范作为讲授和学习的重点，而对于理念的养成不够重视，甚至对法律价值、原则等有助于理念形成的内容也仅作含义的阐述，而不进行更深入的探讨，学生自然也难进行更自觉深入的思考以内化为自身的理念。这种知识教育的法学教育模式在部门法的教学中尤为突出。以刑法学总论为例，刑法学主要由犯罪论和刑罚论构成，犯罪论和刑罚论又包含诸如犯罪构成理论、共同犯罪理论、罪数理论、刑罚裁量理论等大量知识点，且这些知识点也是解决如何定罪量刑以及指导分论学习的所必不可少的内容。因此，犯罪论和刑罚论往往是教师教学的重点，也是学生学习的重点。而刑法总论的另外两个部分，刑法基础理论和刑事责任论则讲授得较少。刑法基础理论的讲授与学习往往刑法的效力为主，刑法的价值、基本原则等基本只作内容上的理解，刑事责任论则更常是一笔带过。其实，这两部分的内容虽然篇幅较小，但却是学生形成完整的刑法学科体系必不可少的，也是其养成刑法理念和思维必不可少的。例如，刑事责任的缺失可能导致学生将犯罪的后果等同于刑罚，将刑事责任等同于刑罚，从而在未来的职业生涯中以刑罚为导向评判具体案件。而对刑法价值及基本原则是薄弱理解，则难以使学生获得法律公平正义价值的内心确信，尤其可能将刑法的设置理解为权力的实现而非权力的限制以及权利的保障，从而在未来的职业生涯中难以坚守客观中立以及正确面对刑事案件各方权利。

（二）将理念当作知识点灌输

按照库伯的学习圈理论，人的学习认知过程是由经验感知、反思、抽象和实践四个环节构成的循环。人总是在反复的感知、反思、抽象和实践中将知识内化为自身的理念和思维再去指导实践的。然而，在知识教育为主流的教学模式中，理念往往被混同为概念、理论或者观念灌输给学生，注重学生对理论的接受和理解，而忽略了理念和思维的形成有一个反思和内化的过程。而实际上，接收和理解了某项理论并不意味着接受了该理论，更不意味着形成了相应的理念。应当说，在法学教育中，对于理论的掌握仅仅是做到了"知法"，而不代表真正的"懂法"，就如教师仅对学生讲授了何为法律至上，而不在之后的教学中，包括实践教学和案例教学中引导学生就法律至上予以反思，学生虽然理解了法律至上的内涵，但并不代表其能自觉将法律至上内化为理念，甚至信念、信仰，从而在未来的职业生涯中自觉地去遵循并实现其价值。又以刑法为例，罪刑法定原则是刑法中非常重要的一条基本原则，作为一个知识点，它包含了法无明文规定不为罪，法无明文规定不处罚的内涵和理论基础、立法体现、司法适用等内容。对于这个知识点的理解是很容易的，但理解往往就成为了这条法律原则教学的终点，认为这条原则及其所暗含的人权保障理念已经传授给学生了，而忽略了学生的认同与内化，因而在之后犯罪论、刑罚论、刑法分论的教学便被束之高阁。而缺少在之后学习及实践过程的反思，这条原则及其人权保障理念是很难转化为内心确信的。这就是为何有的学生甚至已从事法律职业的毕业生在面对社会危害性较大却未有明确刑法规定的社会现象时总是倾向于千方百计寻找一个类似罪名给套上的原因，这其实还是一种缺乏罪刑法定及人权保障理念的类推思维。

（三）教学中的功利主义

在法律职业群体和法学研究人员这两种法学教育的培养方向中，法律职业群体无疑是本科院校最主要的培养方向，法律职业群体也是大量的法科学生未来的就业方向。四川理工学院的法学教育身处二本理工院校的大环境，也确立了应用型、服务型法律人才的培养方案。而在国家实行司法考试制度后，法科学生要成为法律职业群体的一员，从事法官、检察官、律师等法律实务工作就必须要具备除学历和学位之外的另一个必备条件，即法律职业资格证书，因此通过司法考试是直接与就业挂钩的，这样学生司法考试的通过率也就间接影响着学校的就业率，并成为外界，尤其是普通民众和学生及其家长衡量该法学院优劣与否的重要标准。而在这种价值导向之下和司法考试这个所谓"天下第一考"的压力之下，法学教育的功利主义也越来越突出。学生不求对法学理念的吸收与掌握，只求对法律知识的理解和对法律试题的标准解答，法学教师也不得不在教学中提高应试教育的比例，在课程多、课时紧的情况下，对理念的引导和思维的培养难以突出重视也是必然的。固然，对司法考试的重视有其必要性，其眼前利益也是很明显的，即司法考试的通过率。但过于的功利却可能导致法学教育背离原有的法律人培养方向，包括法律职业教育培养方向。因为对标准答案的寻求惯性必然会限制学生思维，使学生的思维固化为应试思维而非法律理念支撑下的法律职业思维，从而影响未来切实地从事法律工作。通过司法考试后而在法律职业中被淘汰的现象也并不少见。

三、树立法律理念的途径

（一）加强对法律文化性学科及理论的重视

所谓法律文化性学科，是指展现法律文化内容、形成、发展的学科，如法制史、西方法律思潮等。这些学科的对象虽不直接以文化为名，看似是历史或某些法学流派，却是法律文化的重要组成部分。而法律文化是法律理念存在的土壤，不同的法律文化必然催生出不同的法律理念。例如，中国法制史以刑法史为主要内容，其所展现的泛刑主义的法律文化也正是中国传统重刑轻民法律理念的根基；而要理解西方现代法治理念，则可循着罗马法、英美法的发展脉络，通过对西方法律文化发展历程的了解来认知。而今天我们法律人需要的树立公平、正义、法律至上、人权保障等法律理念也存在于法律文化及其发展历程当中。所以，对法律文化的了解有助于学生更好地对法律文化催生的法律理念予以反思和内化。

除了法律文化性学科外，具体的部门法中也存在法律文化性的理论，如刑法学中刑法谦抑、刑法的基本原则的形成背景、理论基础等。这也是部门法教学中所不能忽视的。

（二）　加强对法律理念的传递

如前所述，人总是在反复的感知、反思、抽象和实践中将知识内化为自身的理念和思维再去指导实践的。法律理念也不是通过对法律知识的单纯理解就能树立的，它离不开法学教师对法律理念的传递。这种传递不仅包括对法律理念相关知识的传授，还包括对于法律理念形成的引导。而引导除了在课堂理论教学的过程中予以强调和案例教学中针对具体案例予以应用外，还应通过大量的实践教育促使学生在具体案件的处理过程中不断地反思和内化。例如，刑法中的人权保障理念，不仅应当在进行罪刑法定原则等理论讲授时对其内涵和文化背景进行讲解，还应当引导学生带着人权保障理念的姿态去评判当前舆论热点案例，同时引导学生带着这种姿态去面对实践教学环节所接触的具体案件，以使其反思并形成自身的内心确信。

（三）　加强法律思维训练

法律理念是构建法律思维模式的首要环节，反过来，法律思维的训练则有助于强化法律理念。例如，在刑事法角度，带着对刑法谦抑的理解大量地去评判案例和社会争议的热点案件，可以使学生在评判的过程中以及对案件结果的思索之中不断对谦抑进行反思，从而形成刑法谦抑的理念和内心确信。因此，在法学教学中加强法律思维训练十分必要。当然，不同学科进行思维训练的侧重点和方式是不同的。例如，基础理论性学科，像法理学，仍应以理论讲授为主，并通过相关案例的讲授及启发式教学，加深学生对法律基础理论中理念的理解和思考；而部门法学，如刑法学，则应缩减理论教学的时间，以大量案例教学促使学生主动调动自己的思维，并通过模拟法庭及其他实践教学，让学生通过对法官、检察官、律师的模拟而训练和熟悉不同法律职业人的思维特点，并强化法律理念。当然，除了在法学基础理论及部门法学理论课程中进行思维训练外，通过专门的法律思维课程，如法律逻辑学，也是加强学生法律思维训练的途径。而且，像法律逻辑学课程应注意避免对逻辑理论和规律讲解的过于注重，而应以案例中思维训练为主要方向，使学生学会对这种思维工具的实际运用。

参考文献

[1] 李双元,蒋新苗,沈红宇.法律理念的内涵与功能初探[J].湖南师范大学社会科学学报,1997(4):51-56.

[2] 李龙,周亚刚.论法律家与法学家的思维范式[J].法制与社会发展,2002(6):45-46.

宪法学教学方法的改革与创新

——以应用型法律人才的培养为视角①

曾凡珂②

摘　要：目前在宪法学教学中普遍存在重理论轻实践、教学手段单一等问题，严重影响着教学的效果。本文指出应以应用型法律人才的培养为目标，革新宪法学教学方法，合理运用案例分析法等互动性教学法，调动学生学习的积极性与主动性，并通过比较分析教学法培养学生基本的宪法学思维与方法，积极运用诊所式教学、模拟法庭等实践教学模式，提高学生从事法律实务的能力。

关键词：宪法学；应用型法律人才；教学方法；革新

十八届四中全会提出，坚持依法治国首先要坚持依宪治国，坚持依法执政首先要坚持依宪执政，宪法在法治国家建设中发挥着极其重要的作用。在高等学校法律人才培养过程中，宪法学是法学专业5门主干课程之一，是法学专业的基础课、必修课，其内容主要涉及国家制度、国家机构以及公民的基本权利与义务，具有较强的理论性与政治性。但长期以来，宪法学教学难度大，教学内容与实际相脱离，教学形式单一，教学方法单调生硬，

————————

　　①　基金项目：2013 年四川理工学院校级教学改革研究项目"《宪法事例教程》教材建设"（JC-1328）。

　　②　作者简介：曾凡珂（1978—），女，四川自贡人，四川理工学院法学院副教授，法学硕士，研究方向为宪法学与行政法学。

观点陈旧滞后，难以适应应用型法律人才培养的要求，严重影响着法律人才培养的质量。因此，对宪法学教学方法进行有效改革，探索与应用型法律人才培养目标相吻合的教学模式尤为重要。

一、革新宪法学教学方法是培养应用型法律人才的必然要求

法学是一门实践性、应用性很强的学科，它要求其从业者具有坚实的理论基础、较深的业务知识和较高的职业道德，这就决定着法律教育的根本任务是培养具有一定的法律专业知识和操作技能并应用于法律实践的专门型法律人才。具体来看，它要求：一是具备扎实的法律基础知识，通过知识的指引进行法律实践；二是具有较强的实践应用能力，能将法律专业知识与法律实践紧密结合，通过对专业知识的运用解决实践中的法律问题，并在实践过程中进一步深化对专业知识的理解，提高法学理论水平；三是具有创新能力，能针对法律实践中不断涌现的各类问题创造性地分析、解决；四是具有较强的社会能力，特别是与他人交往协作的能力，能适应不断变化的社会环境[1]。因此，法学教育中，应将专业知识的讲授与法律运用能力的培养密切结合，要特别重视学生逻辑思维能力的培养、语言表达能力的训练、分析解决问题能力的形成等方面。

宪法是国家的根本大法，在国家法律体系中居于"母法"的位置，宪法学课程也成为法学本科专业在大学一年级开设的主干核心课程之一。尽管宪法规定的内容具有原则性、纲领性特点，但宪法的重心仍在于实施，即如何保护和实现公民的基本权利，限制国家权力的滥用。因此，宪法仍是一门实践性的法学学科。对于刚接触法学专业的大学一年级本科新生来说，通过对宪法学的学习，一方面能激发其对法学专业学习的兴趣，加深其对法学专业的了解，另一方面为其学习民法、刑法等部门法学打下坚实的基础。更为重要的是，通过宪法讲授，可以训练学生的法律思维，培养

学生的宪政意识，使其具有运用法律解决社会问题的能力。然而，宪法学中讲授的国家制度、国家机构的部分内容与高中的政治课相重叠，加之一直以来我国宪法不具有司法适用性，教师授课时往往仅停留于理论的讲解，缺乏生动鲜活的实例分析，极大地削弱了宪法的法学特征，使宪法课程成为政治课程，学生学习的积极性与主动性严重丧失，仅成为被动的知识接受者，其发现问题、分析问题、解决问题的能力无法得到提高。

由此可见，传统的宪法学教学方法难以在教学中引导学生将宪法理论与宪法实践有效结合，达到对学生分析问题、解决问题能力的培养，因此，革新宪法学教学方法是培养应用型法律人才的必然要求。

二、宪法学课程教学现状分析

尽管宪法学是法学专业的主干核心课程，但在教学中其地位一直不及民法、刑法等应用法学，主要表现在：一是课程设置方面，宪法学课时设置较少，一般为 45 课时，讲授时间较短，但宪法学本身涉及的内容较多，且理论性较深，教师为了完成整个教学内容，必然会压缩课堂讨论的时间，从而导致在教学方法方面多采取理论性讲授为主，较少甚至不用案例分析法，即使采用也因为课时关系，以教师分析为主，学生较少参与；二是学生学习宪法学的兴趣不高，这主要在于宪法的理论性较强，又开设在大学一年级第一学期，内容上又与高中政治中的部分内容重叠，加之教师教学方法陈旧，单一的说教易使学生对宪法学产生乏味、枯燥的印象，甚至产生厌学心理[2]；三是宪法实践教学环节难以有效开展，这主要归结于我国宪法缺乏司法适用性，宪法不可诉，一般的模拟法庭、诊所教育等实践性教学方法运用较少。

在上述宪法学教学存在的问题中，教学方法的单一与滞后严重制约着宪法学教学的效果与法律人才培养的质量，这集中表现为以下三个方面。

（一） 课堂讲授以单向灌输为主，互动性弱

单向灌输式讲授（传统的理论讲授）以理论知识的讲解为主，教师讲学生听，而互动性讲授方法主要有"案例教学法""讨论教学法"，其特点在于通过一定的方式引导学生思考并讨论相关问题，激发学生学习的主动性，培养学生独立思考、分析、归纳及表达的能力[3]。目前，我国宪法课程教学从教材编排到教学体系往往都以宪法基本理论为主，且内容占据教学总课时的一半以上，而宪法的实施则仅占教学内容的三分之一，由此导致宪法学教学方法方面以单向灌输式的理论讲授为主。尽管随着宪法学教学改革的深入，案例教学法、讨论教学法被运用于宪法授课中，但仍存在着一些问题，如案例教学法的运用上存在选取的案例不典型、国外案例偏多而国内案例偏少、案例讲解以教师为主而不是以学生讨论为主等问题，讨论式教学法也往往因为授课班级人数过多而难以采用。

（二） 重国内宪法讲授，比较分析讲授法运用不充分

宪法学教学内容主要有宪法基本理论、宪法基本制度、国家机构、公民的基本权利和义务等四个大部分。宪法规范是宪法条文的基本内容，宪法条文又是成文法系国家宪法典的基本构成，因此学习我国宪法，必然会以宪法规范为基本学习对象，同时又涵盖从宪法制定到宪法实施，再到宪法保障的动态运行过程。目前，我国宪法学教学偏重于现行 1982 年宪法及4 个修正案的内容，较少对比国外宪法及其他部门法学的相关内容进行引导和讲解。这一方面归结于宪法课时少、内容多，另一方面还在于部分高校在国家司法资格考试的导向下，片面追求考试的通过率，在法学课程的讲授过程中，以司法考试的内容为主，忽略了对法律人基本素养的培养，司法考试考得多的多讲，考得少甚至不考的则少讲或不讲。就宪法而言，其在司法资格考试中所占的分值低，考试的重点又主要集中于我国宪法的基本制度、国家机构部分，因此，教师在讲授过程中往往仅单一地讲授国内宪法内

容，较少涉及国外宪法及其他部门法学的内容。这样一来，学生在学习宪法学的过程中，缺乏对中外宪法学知识以及宪法与其他部门法学知识之间的同一性与差异性的充分掌握，宪法学的基本法律思维与方法难以形成。

（三）重课堂讲授，轻社会实践

课堂讲授对于学生系统掌握宪法学基础知识具有重要作用，然而由于课堂授课时间有限，即便运用案例分析讲授法也只是对法律实务的简单模拟，难以让学生真实地感受实践中案件历经的整个司法流程。目前，各高校法学本科采用的法律诊所、模拟法庭等实践性教学模式主要被应用于程序法的教学过程中，实体法部分特别是在宪法的讲授上往往很少运用。宪法学课程开设在大学一年级，宪法授课实践性的弱化，导致学生在初次接触法学学科时，难以树立起良好的法律职业理念，甚至会挫伤学习兴趣，难以达到应用型人才培养的目标。

三、宪法学教学方法的革新

（一）根据人才培养目的，合理运用理论教学法与案例分析法等互动性教学法

理论教学法与案例分析法反映了大陆法系与英美法系在法学人才培养目的上的差异，前者重视人文科学教育，以培养学生系统的法学知识为目的，而后者更重视法律职业训练，以培养学生的实际操作能力为基本目标。从法学专业本科学生的就业去向来看，大多学生毕业后主要从事的是法律实务工作，这就要求学生既要系统掌握法学专业知识，又要具有灵活运用这些知识的能力和素养。当下法学教育主要培养的是具有从事法律实务能力的应用型法律人才，其要求学生在具备一定法学知识的基础之上，具有解决实际法律问题的能力。因此，在宪法学教学过程中，应根据具体的授课内容与授课阶段，合理运用理论讲授法与案例分析法等互动性教学法。

具体改革思路如下。

第一，在宪法学的基础理论讲授方面，以理论讲授为主，但应引入案例分析法与讨论教学法，通过课堂讨论、学生自我展示及教学互动等方式克服单纯的理论讲授法带来的知识单方面灌输与学生被动学习的弊端，帮助学生搭建起法学知识的基本框架与法学理念的整个过程，授课教师应占主导，适时地通过案例分析、课堂讨论，引导学生加深对基础理论知识的理解与掌握。

第二，在法律实务能力训练方面，应运用案例分析法。我国宪法不具有可诉性，严格意义上的宪法案例在我国并不存在，但随着社会主义法治建设的不断推进，大量的宪法事例不断涌现，如早期的齐玉苓受教育权被侵犯案件、孙志刚违宪审查事件，近期的内蒙古呼格吉勒图再审案、冷冻胚胎继承案等均为宪法学教学中运用案例分析法提供了素材。通过对宪法案例及事例的分析，培养学生的法律思维，使学生逐渐掌握确认宪法事实，选择相应的宪法条文再到法律后果的法学式的宪法推理方法。

第三，充分利用多媒体教学手段，通过网络教学平台，增强教学过程中师生的互动。在运用传统的理论讲授时，可以利用多媒体课件将所授重点以问题的方式提前布置给学生，在课堂讲授时通过提问的方式调动他们的自觉参与性，训练他们的逻辑思维能力及语言表达能力。若是案例或事例讲解，则可引导学生查阅文献，制作多媒体课件进行演示与讲解，提高学生的课堂主体意识、学习的积极性与主动性。同时，还应建立学科网络教学平台，通过"在线辅导答题""视听对话""网上练习作业及批改"等形式的尝试，将"网络多媒体"新型教学方式运用于宪法学的教学中，以此建立起课堂之外师生之间的有效互动，加深学生对宪法学知识的掌握和理解[4]。

除此之外，还应重视学生学习方法与思维的训练，通过开展相应的方法论讲座、指定学生对特定文献进行阅读与分析等方法提升学生的法学思维能力，增强其对案例分析法等互动性教学法的适应性，为教学方式的灵活运用奠定扎实的基础。

（二） 根据宪法学教学的内容适时运用比较分析法，培养学生基本的宪法学思维与方法

宪法学教学内容主要涉及静态宪法与动态宪法两个方面：静态宪法以宪法规范为主要内容，分为国家权力与公民权利两大部分，对应国家基本制度、国家机构与公民的基本权利与义务；动态宪法则包含宪法的制定、实施与监督。其中，选举制度、代议制、政党制度和政府制度、公民基本权利的保障与救济、违宪审查制度均可运用比较分析法，将我国与其他主要国家进行对比，分析制度的共性与差异。以选举制度为例，讲授时可从选举的基本原则、选举的程序及选举诉讼三个方面，选取典型国家进行对比分析，从中揭示出各国宪法无一例外地对公民的选举权加以确认和保障，但由于各国的国情不同，在选举制度的具体内容上规定不尽相同，如在选民资格方面存在年龄、居住期限规定的差异，在选区划分上也存在大选区、小选区之分。另外，在选举权的保障方面，有的国家设立专门法院从事选举事务。由此，引导学生思考我国选举制度存在的问题，并进一步思考如何借鉴国外有益经验完善我国的选举制度。除了中外宪法的对比之外，教师还应在讲授过程中将宪法与其他部门法进行比较讲解，特别是公民基本权利的救济部分，可以通过实例比较宪法与民法在救济公民权利时存在的差异，启发学生思考在普通法救济的同时，构建宪法救济制度的必要性，由此达到培养学生宪法学基本思维与方法的目的。

（三） 积极运用诊所式教学、模拟法庭等课堂之外的实践教学模式，协调好课堂讲授与实践教学之间的关系

一方面应通过诊所教育，由教师定期组织学生进行案例讨论，指导学生收集相关素材、学习掌握相关知识，并由教师根据学生的表现，对学生的法学知识素养、法律职业技能等方面进行考核，其成绩记入期末最终成

绩；另一方面还应合理利用模拟法庭进行教学，由于我国宪法目前不具有可诉性，在教学案例选择上可以选取西方国家典型的宪法案例进行模拟，如美国"马伯里诉麦迪逊案"、德国"路特案"，使学生熟悉法律适用的程序，同时掌握两大法系国家宪法司法适用的差异性，并以此为基础深入思考我国宪法适用的方式[5]。除此之外，还应在课堂之外组织学生适时为学校及社会提供相关的法律服务，提升学生的法律实务能力。

　　总之，宪法学教学应立足于应用型法律人才的培养目标，在改革原有教学方法的基础之上，积极探索新的教学手段，以适应社会发展对人才的需求。

参考文献

[1] 赵秉志. 法律人才培养的根本目标[DB/OL]. http://rmfyb. chinacourt. org/paper/html/ [2011-01/28/content_22159. htm,2013-4-9].

[2] 孙桂燕. 宪法学教与学中存在的问题及改进措施[J]. 中国电力教育,2011(17): 106-107.

[3] 曾祥华. 本科宪法学教学中的讨论试教学法中国法学教育研究[J]. 2012(2): 115-116.

[4] 陈纯柱,敖永春. 网络时代的宪法学教学问题研究[J]. 重庆第二师范学院学报,2013 (5):127.

[5] 肖芳永,李国鹏. 试论案例教学法在宪法教学中的运用[J]. 教育教学论坛,2014 (9):89.

论法学实践型创新人才培养语境下的
商法教学改革①

涂　强

摘　要：现代商法教学改革，应突破课堂讲授传统教学模式的局限，在改进课堂教学基础上，重构案例教学、模拟法庭教学、法律诊所式教学和法律实践等模式，促进学生商法思维的养成、商法实践能力的提高和法律职业道德的塑造，将学生培养成为既通商法，又懂经济，还会外语的实践型创新人才。

关键词：法学实践型；创新人才；商法；教学改革

一、问题的提出

为适应市场经济的发展和建设法治国家的需要，培养法学实践型创新人才是我国法学教育改革的必然要求，也是建设高水平特色大学、参与国家创新体系建设的重要方式。到 2011 年，随着高等教育规模的扩大，很多高校都开设了法学专业，"据教育部有关部门的权威统计，设置了法学院（系）或法学专业的普通高等院校已达 620 多所，是 1992 年的近 10 倍。在校的法学专业本科生和研究生约计 30 万人，其中本科生为 20 多万人，硕士研究生 8 万多人，博士研究生 6000 多人"[1]。我国的法学教育已经完成了从

---

① 本文为 2011 年四川理工学院教改项目《商法课程体系与教学改革研究》（JG—1150）成果之一。

精英教育向大众教育的转型，并有可能成为职业教育，法科学生就业难也为社会所诟，法学的"显学"光环渐失，传统法学教育的人才培养模式受到广泛质疑。在法学专业核心课程体系中，商法以其突出的实践特点和国际化倾向、商事规则技术化等，受到法学教育的普遍关注。按照《国家中长期教育改革和发展规划纲要（2010—2020 年）》的要求，教育"要坚持能力为重的培养模式，优化知识结构，丰富社会实践强化能力培养。着力提高学生的学习能力、实践能力、创新能力，教育学生学会知识技能，学会动手动脑，学会生存生活，学会做人做事，促进学生主动适应社会，开创美好未来"。笔者在创新人才培养的语境下，对商法实践教学改革等问题展开讨论，期望对法学教育革新和学生实践能力的培养有所裨益。

二、实践型创新人才培养与商法教学改革

所谓法学实践型创新人才，是指经过实践教学环节，具有法律实践的创新意识、创新精神和创新能力，并能有效运用法律知识和法律技能，解决具有法律意义社会问题的法律人才。具体而言，培养法学实践型创新人才就是培养学生的法律思维，使学生能从法律视角分析问题，正确运用法律推理、法律解释等法律方法，以法言法语叙述问题，经法律程序，以法律手段解决问题，引导学生通过国家司法考试并成为法律人。美国法学家霍尔姆斯曾指出："法律的生命不是逻辑，而是经验。"商法最具实践性，商法实践教学的开展是商法创新人才培养的关键，而商法课程传统教学模式多局限于课堂讲授方式，为应然法训练，系单向度的知识传递，表现为商法概念解析、商事规则解读、商事原理分析范式，这对法学本科教育非常必要，不可或缺，但缺乏充分的实然法训练，与商法实践脱节，与就业需求背离，与实践型创新人才培养的要求不相适应。应转变商法教学理念，培养学生的创新精神，提高学生的实践能力，即秉承大陆法的经院式教学模式，不断改进课堂传授教学方式，推行从知识传授向能力、素质培养的

转变，注重对学生商法思维的养成、商法技能的训练和职业道德的塑造，借鉴英美法的案例教学、模拟法庭教学和法律诊所教学等现代教学模式，使学生能将商法理论知识运用于商法实践，做到理论与实践的结合，使商法活化。

三、商法课程教学改革的反思

理性分析商法课程教学存在的问题，兹因两大法系在商法立法模式上不同，即使同一法系也因各国的历史、经济发展和法律传统不同而迥乎不一。中国政法大学于 2009 年 7 月在北京举办了全国商法教学与课程研讨会，会议集中研讨了商法教学的目标、理念与宏观问题以及商法课程设置、体系结构与教材建设等问题。而国外商法教学也面临诸多问题，如美国《法学教育》（*Legal Education*）等杂志，对美国现实主义法学派的法学教育思想、基于计算机的商法课程、商法法律诊所、实践性学习、维基百科与法学教育的未来、反思性的律师故事在商法教学中的运用等问题展开讨论[2]。就我国而言，商法作为法学专业 14 门核心课程之一，在当下民法典制订过程中，通说认为民商合一的立法模式是我国的立法选择，商法作为民法的特别法，缺乏形式意义上的商法，但有实质意义上的商法。商法是市场经济的基本法，以商事关系为调整对象，商事关系范围不断扩展，但对商法内容研究不够，商法课程体系固有缺陷，不能自足。商法总论并没有受到应有重视，甚至废止商法总论的声音不绝于耳，而商法分论则是商人法与商行为法的奇怪混合，其中，有的内容如《中华人民共和国公司法》（以下简称《公司法》）、《中华人民共和国证券法》（以下简称《证券法》）、《中华人民共和国保险法》（以下简称《保险法》）等单独成为法学专业的选修课，而有的内容如《中华人民共和国海商法》（以下简称《海商法》），很多教材都排除了。《公司法》《中华人民共和国合伙企业法》（以下简称《合伙企业法》）、《中华人民共和国个人独资企业法》（以下简称

《个人独资企业法》）等商人法，经济法课程又将其作为经济法主体法内容，又如《海商法》内容，在国际经济法课程中多有涉及，商法课程与其他学科知识犬牙交错。笔者自 2005 年始讲授商法课程至今，选用若干版本教材，与同行交流，普遍认为，尚无一本教材能够通用。因统一商法典的缺失，商法体系的不统一，又商法规范多为技术性规范，需经济学、企业管理知识支持，学生普遍感到学习困难。对此，需在民商合一的立法模式下，以《公司法》等商人法为主线统领《证券法》等商行为法，探索传统的企业法向金融法的转变，重构商法总论和分论之间的关系，厘清商法课程体系，发现体系之间的逻辑关系，完善体系结构和内容，加强商法课程的教材建设，引导学生有效利用学校选修课平台，旁听或自学经济学、金融学、管理科学内容，鼓励学生参加第二学位的学习。

四、商法实践教学改革的路径探索

按照教育部高等教育司 1998 年颁布的《普通高等学校本科专业目录和专业介绍》之规定，法学实践教学环节主要包括见习、法律咨询、社会调查、专题辩论、模拟审判、疑案辩论、实习等，结合商法课程教学的实际，笔者对商法课程实践教学的路径作如下探索。

（一）明确商法课程教育的培养目标

法学教育的培养目标主要有三个选择：一是培养高级专门人才；二是培养通用法律人才；三是培养复合型的法学应用人才。有学者认为，法学教育的目标既不是所谓的专才教育或者职业教育，也不是一般意义的通才教育，而是素质教育，其终极目标是培养具有创新能力的法律人[3]。笔者表示赞同，认为商法创新性法律人才必须以坚实的法律知识为基础，以法律实践为桥梁，以法律信仰为引导，并以法律操守为保障，既通商法，又懂经济，还会外语的实践型创新人才。

（二） 完善商法课程体系

完善商法课程体系，首先，必须重构商法学科体系，主要包括以下内容：一是总论部分，主要介绍商法的基本理论问题；二是商人法律制度部分，主要包括商人的设立、商人的登记、商事账簿、商人的破产等；三是商行为法律制度部分，主要包括商事合同、证券法、票据法、保险法、信托法、海商法等内容；四是商事诉讼和商事仲裁等商事程序法律制度等，同时增加商法理论课时，构建以公司法等商人法为主线统领证券法等商行为法的商法基本法为中心的商法体系。其次，将商法实践课程纳入商法课程体系并安排教学计划，重塑商法实践教学课程群的观念，破除相关法学课程的部门法壁垒，将实践教学内容按实践能力培养的需要进行整合、提炼，形成商法实践教学课程群。最后，以商法实践课程为中心，逐步形成规范的课程操作指引与考核评估指标如教学计划、教学大纲、教学指导书、评估指标分解系统等，以保证商法实践教学有效开展和商法课程体系的自我圆满。

（三） 加强案例教学

案例教学法是法学教育所普遍采用的基本教学模式。与传统课堂讲授不同的是，学生在课前需要阅读指定的某一个或某系列案例，教师在课堂上围绕这些案例来进行分析和讲授，而并不依赖一般的课堂讲授逻辑和模式。案例教学法在英美法系国家的法律教学中依赖于研究上诉法院意见，将普通法看作是法律原则和规则的渊源，把案例视为一种能在其中引导出法律原则的经过归纳推理的经验性资料，通过一系列判例分析和师生之间的讨论问答，让学生理解法律的概念和原则[4]。但目前国内部分高校采用的案例教学多是举例式说明某一法律概念、法律规则或法律原理，帮助学生理解，并非真正意义上的案例教学法，这不能像英美法的案例教学那样起到使学生掌握分析案件技能的作用，仍需经过实习阶段的训练。

（四） 开展模拟法庭教学

模拟法庭教学是将商法课堂教学转化为虚拟的法庭审判实践，为我国大学法学院普遍采用。该教学模式以法庭审判为背景，在法学院设置模拟法庭，由教师导演，让学生扮演某一模拟商事案件的当事人、第三人及其委托律师、法官，按照商事审判程序，对该案进行全程审判与辩论。通过模拟法庭教学，使学生在虚拟情景中体认、感受司法实践，使学生学习阅卷、笔录，把握案件要点，促使学生学会庭前准备，把握开庭环节，促进学生对商事诉讼与民商法理解的融合，将学生作为教学活动的主体，以不同的法庭角色参与案件的审理，改变传统法学教育的单向度，培养学生的法律思维和法律技能。

（五） 尝试法律诊所教学

法律诊所教学是在有经验的教师指导下，让学生在真实的案件中代理社会弱势群体，提供所需要的法律服务。法律诊所教学模式将法律知识学习与职业技能训练以及法律知性教育与法律德性教育有机结合，不仅为理论联系实际提供了很好的桥梁，而且成为学生实践能力培养、职业技巧提高的平台，让学生直接了解到社会生活的真实面貌，这是作为法律职业者应具备的职业素质[5]。毋庸讳言的是，法律诊所教学只是商法实践教学的辅助形式，其固有的缺陷可能忽略了商事交易过程中对商法规则普遍运用的基本事实，也可能忽略了商事仲裁的广泛运用等问题，尚需进一步探究。

另外，教师指导学生积极参加社会实践，也属于实践教学范畴，包括毕业前到法务部门实习、寒暑假见习，开展法律社会调查等活动，参加庭审观摩，开展法律咨询与服务，或参加送法下乡活动、提供法律援助、法律维权以帮助社会弱势群体等与法律有关的社会实践活动等。

综上所述，商法课程实践教学以学生为主体，参与法律实践，教与学双向展开，但我们不可以背离法律教育传统，偏离学校定位，脱离法学本科教育的实际，应始终恪守传统课堂教学是根本，不断改进课堂教学，创新实践教学模式，契合法学实践型创新人才的培养。

参考文献

[1] 官欣荣. 实践型法律教育的思考——"法本取消论"的辩驳与瞻思[J]. 华南理工大学学报(社会科学版),2007(6):27-32.

[2] 王涌. 我们需要怎样的商法教学——全国商法教学与课程建设研讨会述评[J]. 中国大学教学,2009(9):38-40.

[3] 龙著华. 创新型法律人才培养目标下的法学实践教学[J]. 重庆电子工程职业学院学报,2011(1):83-86.

[4] 杨中平,于永安,李涛. 法学案例教学模式研究[J]. 思想教育研究,2004(8):46-48.

[5] 陈岚,赵慧. 诊所法律教育论纲[J]. 武汉大学学报,2000(6）：811-814.

商法课程实践教学改革路径的选择①

涂　强

摘　要：商法课程现代教学模式注重对学生商法思维的养成、商法实践能力的提高和法律职业道德的塑造，突破了课堂讲授传统教学模式的局限，商法课程实践教学改革应以课堂教学的改进为基础，选择案例教学、模拟法庭教学、法律诊所教学和法律实践等教学模式，处理好实践教学与课堂讲授、与民法等课程教学以及与国家司法考试之间的关系，培养既有商法理论，又有商法技能的法律人。

关键词：商法；实践教学；路径；选择

商法以商事关系的调整为对象，是商事规则实践之法。商法课程传统教学模式局限于课堂讲授方式，多为单向度的知识传递，表现为商法概念解析、商事规则解读、商事原理分析范式，这对法学本科教育非常必要，不可或缺，但有与商法实践脱节之虞。商法课程现代教学模式更加注重对学生商法思维的养成、商法实践能力的提高和法律职业道德的塑造，旨在将学生的商法理论与商法实践有效结合，使商法活化。为此，中国政法大学于2009年7月在北京举办了全国商法教学与课程研讨会，会议集中研讨商法教学的目标、理念与宏观问题，以及商法课程设置、体系结构与教材

① 本文为2011年四川理工学院教改项目《商法课程体系与教学改革研究》（JG—1150）成果之一。

建设等问题。国外商法教学同样也面临诸多问题，如美国《法学教育》（*Legal Education*）等杂志，对美国现实主义法学派的法学教育思想、基于计算机的商法课程、商法法律诊所、实践性学习、维基百科与法学教育的未来、反思性的律师故事在商法教学中的运用等问题展开讨论[1]。就四川理工学院而言，法学专业被列为重点建设的特色学科。商法课程处于核心地位，但因商法体系先天缺陷，课程开设不协调、课时安排少、培养方案不完善等，商法教学效果体现不够充分，特别是契合国家司法考试的要求，商法实践教学应提到教学改革的议事日程。笔者按照教育部在 1998 年颁布的《普通高等学校本科专业目录和专业介绍》之规定，法学实践教学环节主要包括见习、法律咨询、社会调查、专题辩论、模拟审判、疑案辩论、实习等，结合我校商法课程教学的实际，对商法课程实践教学改革的路径进行探讨并作出相应的选择，以期裨益于商法课程实践教学。

一、加强案例教学

案例教学法是法学教育普遍采用的基本教学模式。与传统课堂讲授不同的是，学生在课前需要阅读指定的某一个或某系列案例，教师在课堂上围绕这些案例进行分析和讲授，而不依赖于一般的课堂讲授逻辑和模式。案例教学法在英美法系国家的法律教学中依赖于研究上诉法院意见，将普通法看作法律原则和规则的渊源，把案例视为一种能在其中引导出法律原则的经过归纳推理的经验性资料，通过一系列判例分析和师生之间的讨论问答，让学生理解法律的概念和原则[2]。案例教学法使课堂气氛活跃，有其独特魅力，能克服课堂讲授法中学生被动学习的问题，使学生在真实的个案情景中对法律问题的理解更具体、更深刻，培养学生独立思考和解决法律问题的能力，增强学生对其他可能影响判决的政治、经济和社会因素的理解，同时也促使教师更新教案，增加新的案例。而我们的法学教育秉承大陆法系成文法传统，沿袭以德国为代表的经院式教学，课堂教学模式相对固定，以演绎推理的方式解决法律问题。应当看到，案例教学要求甚高，实施案例教学法面临诸多困难，首先，商法案例库缺乏，典型案例收集困难，法学院与法院之间缺乏有效的案例交流制度。其次，为讲授一个法律问题不得不让学生查阅整个案件的发展及审理经过，有的判决书甚至超过百页，不仅教师在引述的时候困难，学生消化材料需要花费大量的时间和精力，学生往往因为对知识体系不熟练而无法形成自己对案例的看法与观点，也无法在分析案例的时候给出完整的或更为全面的与案例相关的知识体系，更无法深入讨论法律问题背后的哲学、道德以及社会学背景[3]。目前国内部分高校采用的案例教学多是举例式说明某一法律概念、法律规则或法律原理，帮助学生理解，并非是真正意义上的案例教学法，这并不能取得英美法案例教学使学生掌握分析案件技能的效果，仍需经过实习阶段的训练。四川理工学院的法学专业自 1997 年起就开设了《案例说解》（上、下）课程，这是对案例教学法的尝试，提高了学生对纯文本案例学理分析的能力，但并没有完全体现案例教学法的特点，2008 年后该课程被取消，改为模拟法庭教学。对此，笔者认为不应当被取消，毕竟模拟法庭教学不能替代案例教学。商法课程的实践教学，应当在有限的课时内，适当安排案例教学。

二、开展模拟法庭教学

模拟法庭教学是将商法课堂教学转化为虚拟的法庭审判实践，为我国大学法学院普遍采用。该教学模式以法庭审判为背景，在法学院设置模拟法庭，由教师导演，让学生扮演某一模拟商事案件的当事人、第三人及其委托律师、法官，按照商事审判程序，对该案进行全程审判与辩论。通过模拟法庭教学，学生在虚拟情景中体认、感受司法实践，使学生学习阅卷、笔录、把握案件要点，促使学生学会庭前准备，把握开庭环节，促进学生对商事诉讼与民商法理解的融合，将学生作为教学活动的主体，以不同的法庭角色参与案件的审理，改变传统法学教育的单向度，培养学生的法律思维和法律技能。四川理工学院法学院专门设立了模拟法庭，引进模拟法庭教学软件，组织任课教师和学生使用培训，但是模拟法庭教学需要教师指导学生分配法庭角色进行演练，需要学生熟悉掌握案件管理、法庭审理规则，以及举证、质证、认证，法庭辩论等诉讼程序。然而，在我们曾开展的模拟法庭教学中，几乎将学生排除在外，学生置于旁听角色，甚至邀请法院到模拟法庭审理案件，这实质上是学生观摩庭审，并非真正意义上的模拟法庭教学。

三、尝试法律诊所教学

　　法律诊所教学是在有经验的教师指导下，让学生在真实的案件中代理社会弱势群体，提供为其所需要的法律服务。法律诊所教学将法律知识学习与职业技能训练以及法律知性教育与法律德性教育有机结合起来，不仅为理论联系实际提供了很好的桥梁，而且成为学生实践能力培养、职业技巧提高的平台，让学生直接了解到社会生活的真实面貌，这是作为法律职业者应具备的职业素质[4]。诊所法律教学通常以法律援助为手段，为当事人特别是社会弱者提供无偿法律援助为特征。在法律援助实践中，学生不仅获得理论知识与实践技能，还培养了社会责任感、社会正义感。这样，法学教育就与社会主义民主法制的发展进程，以及社会进步更好地联系起来了。同时，诊所法律教育模式通过客观公正地评价法治现状的过程，让学生树立正确的价值观和人生观[5]。应当注意的是，法律诊所教学模式是从美国法学院移植而来的，主要依靠学生参与真实的法律实践工作，在法律实践中学习法律技能，教学成本最高，通常一位教师只能指导 2~3 名学生。结合我国目前法学本科的实际，简单复制美国法学院的诊所式教学显然不妥，并且不切实际。因为美国的法律教育是专业硕士教育，以培养优秀律师为目标，属于精英教育，而我国的法学本科教育是高中毕业后入学，强调通识教育，强调基本的法学素养的培养，虽与美国法学院教学模式难以直接契合，但可以对其借鉴和尝试。目前中国人民大学、四川大学等10所大学的法学院在美国福特基金会资助下开展了法律诊所教学模式的改革，取得了良好的教学效果。就四川理工学院法学院而言，学院设立了法律援助中心，可充分利用这一平台，由学生接待管理，若有疑难问题，可请教相关专业的教师指导，同时也要加强与地方法律援助中心的交流与合作。法学院教师多为兼职律师，具有一定的律师执业经验，可作为指导教师。毋庸讳言的是，法律诊所教学以解决商事纠纷为目的，只是商法实践教学的辅助形式，我们无法回避其固有的缺陷，它可能忽略了商事交易过程中对商法规则普遍运用的基本事实，也可能忽略了商事仲裁的广泛运用，对公益性质的法律援助也难以适应商事交易对法律的需求，同时学生办案过程中给当事人造成损害的责任如何承担等问题，也值得进一步研究。

除上述三种实践教学模式之外，教师指导学生积极参加社会实践，也属于实践教学范畴，包括毕业前到法务部门、律所实习、寒暑假见习，开展法律社会调查等活动，组织学生对典型商事案件审理的观摩，开展法律咨询服务，或"送法下乡"、法律维权等与法律有关的社会实践活动等。

四、正确处理商法实践教学与相关问题的关系

选择上述商法实践教学模式，结合四川理工学院教学科研型的定位和法学专业特色学科建设的需要，必须处理好以下关系。

（一）处理好传统课堂讲授与实践教学之间的关系

课堂教学是根本，是开展实践教学的前提，为学生学习商法理论所必需。实践教学是课堂教学的继续和深化。法学本科教育毕竟是法科基础教育，不能舍弃根本，课堂教学与实践教学并非对立，二者相互促进，理论与实践相得益彰，教师课堂教学除理论讲授以外，还可传授法律实践经验，

但是我们相当部分的教师是"从学校到学校""读完书就教书",这也要求我们的任课教师应当有法律执业或企业管理的经验。

（二）处理好商法实践教学与国家司法考试之间的关系

法学教育与司法考试之间的关系始终是热点问题，关乎商法教学的走向。目前我国很多高校都开设了法学专业，法科学生就业形势严峻。为缓解就业压力，自 2008 年始，法学专业大三学生可报名参加国家司法考试，通过考试取得法律职业资格证书，使法律执业成为可能，那么商法教学是否应以司法考试为中心展开呢？笔者认为，商法教学应秉承通识教育的理念，培养基础扎实、专业面宽、心理素质高和适应能力强的能够从事与法律有关的实际工作和具有法学研究的初步能力的通用法律人才是法学本科阶段的培养目标[6]。商法教学的作用不仅仅是传授法律，更是培养学生的法律思维，从法律视角分析问题，要以法言法语叙述问题，以法律手段解决问题，塑造法律职业精神，引导学生通过国家司法考试成为法律人。应当明确的是，司法考试只是法律人才选拔的一种手段，曾宪义教授认为，司法考试是一个中间环节，它是在法学教育和法律职业之间架起的一座桥梁，其制度价值在于将符合现代法治要求的法治精英选拔到法律职业队伍中[7]。

（三）处理好商法教学与民法、经济法等教学之间的关系

商法是民法的特别法，商法课程的学习以民法理论为基础，在民商合一的立法模式下，商法具有独立价值。现行商法课程体系由总论和分论组成，而废止总论的声音不绝于耳，理由是总论缺乏深厚的商法理论基础，国家司法考试几乎不涉及。笔者认为，商法总论不仅不应当废止，还应当加强研究，需厘清商法体系结构之间的逻辑关系，研究商法体系的自足，注重商法体系的开放性，引导学生融会商法与民法、经济法和商事诉讼与商事仲裁的贯通，强化学生对商法基础理论知识的理解与掌握。分论部分

内容则是商人法与商行为法的奇怪组合，其中有的内容又单独成为法学专业的选修课，如我们法学院开设了"公司法""保险法"，而有的内容如"海商法"，很多教材都排除了，"公司法""合伙企业法"等商人法，经济法课程将其作为经济法主体内容，商法课程体系陷入混乱。笔者认为，应以公司法等商人法为主线统领证券法等商行为法，正确把握企业法向金融法转变的趋势，完善商法体系结构和内容，为商法实践教学提供文本支持。

综上所述，商法课程学习难，商法课程实践教学更难，实践教学以学生为主体，参与法律实践，教与学双向展开，但我们不可以背离法律教育传统，偏离学校定位，脱离法学本科教育的实际，应始终恪守传统课堂教学是根本，不断改进课堂教学，创新实践教学模式。商法实践教学改革，任重而道远。

参考文献

[1] 王涌. 我们需要怎样的商法教学——全国商法教学与课程建设研讨会述评[J]. 中国大学教学,2009(9):38-40.

[2] 杨中平,于永安,李涛. 法学案例教学模式研究[J]. 思想教育研究,2004(8):46-48.

[3] 曹兴权,汪世虎. 法学实践教学改革模式与商法学教学之困惑[J]. 重庆工学院学报(社会科学),2008(6):142-145.

[4] 陈岚,赵慧. 诊所法律教育论纲[J]. 武汉大学学报,2000(6):811-814.

[5] 牟逍媛. 诊所法律教育价值研究[J]. 环球法律评论,2005(3):288-293.

[6] 曾宪义,张文显:中国法学专业教育教学改革与发展战略研究[M]. 北京:高等教育出版社,2002:14.

[7] 曾宪义. 构筑法学教育与司法考试的新型互动关系[J]. 中国律师,2002(4):18.

经济法课程教学改革的思考

杨　帆

摘　要：经济法课程是法学的 14 门二级学科之一，具有理论性强、涉及面广、实践性要求较高等特点。而传统的经济法教学模式不利于培养学生运用经济法知识分析和处理实际问题的能力。为解决此问题，笔者通过调查分析经济法课程教学实践中所存在的问题，提出经济法课程教学改革的基本思路，以促进法律应用型人才的培养。

关键词：经济法；课程；教学改革

长期以来，我国传统的经济法教学模式存在着重知识学习轻能力培养的弊端。经济法作为一门理论性与实务性较强的学科，其具有公法与私法相融合的特性，注重法律与经济的结合，涉及内容极其广泛。因而，要求教师在经济法教学中应本着理论联系实际、兼顾基础与技能的原则，使学生对经济法律制度既全面掌握又要有所侧重；教学中在保持课程基本内容相对稳定的基础上，兼顾内容结构的开放性、实用性，达到课程内容整合、体系优化，形成知识、能力、技能并重的教学模式，以实现经济法课程教学与司法实践的相互协调与良性互动。

一、目前经济法课程教学过程中存在的问题

经济法作为法学专业核心课程之一，在法学专业教育中非常重要。但

笔者经过调研分析和对近年教学实践的总结，发现在经济法教学过程中，由于经济法课程介绍的法律规范繁杂、知识记忆点繁多，传统的教学模式不利于提高学生的学习兴趣，不利于培养学生运用经济法知识分析解决实际问题的能力。因此，必须对目前经济法教学过程中存在的问题进行改进。

（一）重视理论学习，轻视实践能力培养

在传统的经济法教学中，教师过分注重向学生传授经济法理论知识，而忽视了学习过程中学生内在智力的开发以及法律思维素质的培养，使得很多学生缺乏独立思考和单独解决经济法律问题的能力。主要表现为传统教学方法强调经济法基本理论、法律条文的传授和讲解，忽视将知识内化为学生能力与素质的提高，使得学生解决经济法律实务问题的能力欠缺，更谈不上运用经济法理论去解决现实经济生活中存在的各种复杂的经济问题。

（二）教学方式单一，师生互动不足

传统的教学方式偏重于教师对理论的过多讲解，忽视了学生自身学习的自主性、主动性与创造性的发挥，再加上经济法理论和条文繁多，因此教学过程凸显枯燥，教师无法有效地在短期内使学生进入学习情境，导致学生学习兴趣低落，处于被动学习的状态。同时，经济法作为一门实用性很强的法律课程，要求理论与实践密切结合，但实际上在教学过程中学生参与实践的机会偏少，最终导致培养出的学生知识面窄，综合素质较低，甚至高分低能，很难融入社会。

（三）考试模式简单，成绩综合评定缺乏

长期以来，在考试内容上离不开教师平时所讲授的内容，过于重视书本知识、记忆性知识和共性知识，忽视对学生应用能力、科学思维和创新能力等方面的考核。在考试中记忆成分所占比例较大，善于记忆和努力记

忆的学生获得高分，这鼓励了机械记忆。而在考试方式上又较为单一，理论考试多、实践考试少；统一考试多、因材施考少；一次测试定结论的终结性考试多、数次考核综合评价的形成性考试少，这使得能力性考核的内容受到限制，限制了学生创造思维和动手能力的培养，这尤其不利于经济法这种专业性课程和前沿性课程的考核。这种传统的考试模式，不仅削弱了考试在教学中的地位和作用，而且不利于教学改革诸内容的实施和顺利进行。

（四）实践教学体系不完善，法律技能培养欠缺

经济法是一门理论性和实践性很强的学科，这就要求在经济法教学中体现理论与实践结合、知识与技能结合，而实践教学作为加强法学专业学生理论与实践相结合的重要途径之一，已被广泛运用于法学专业教学中，为培养理论与实践密切结合的法律人才起了重要作用。但目前出现的问题是实践教学出现了形式化和走过场的倾向。因此，有必要对法学实践教学问题进行全面、深刻的反思，加大法学实践教学创新的力度，不断整合优化实践课程与理论课程的教学内容，构建以实践能力为主的经济法课程体系，从而培养具有创新精神和实践能力的应用型法律人才。

二、经济法课程教学改革的基本思路

（一）注重理论学习，培养实践能力

经济法是一门理论性和实践性紧密结合的社会科学，由此决定了其教育教学不仅承担着传授、整合与创新法律知识的基础性功能，而且承担着训练和提升法律技能、养成和改善法律思维方式的操作性功能[1]。因此，在教学过程中，教师既要注重理论知识的传授，又要通过启发学生积极思维，加强对学生法律实践能力、综合分析能力的培养。由于经济法课程具有体系庞大、结构松散、综合性、动态性等非常鲜明的特点，教师在授课中应把知识点细

化，同时结合案例，聚焦司法实践中的热点和难点问题，把司法实践和社会生活紧密地联系在一起，通过学生自身积极参与观察问题、思考问题、分析问题，充分调动学生学习的主观能动性，培养考生的分析问题和解决问题的能力。

（二）改进教学方法，改善教学效果

经济法是一门实用性很强的课程，单纯的法律条文讲解十分枯燥，但结合适量的案例会使教学内容丰富且生动。因此，在经济法教学方法改进中，实施案例教学法，可以使理论教学与实践教学有机结合起来，让深奥的理论通俗化，让抽象的法条更容易理解，有利于改革传统的教学方法学生被动学习的弊病，充分调动学生的学习兴趣和参与意识，提高学生分析解决实际问题的能力。具体到教学过程中，教师应在讲授完理论知识后，结合所讲内容，采用留思考题或课堂讨论的方式进行案例分析，帮助学生加深对所学法律条文的理解掌握，激发学习热情；同时培养学生分析、表达、争辩及理论联系实际的能力，为他们今后就业提供一个练兵场所。另外，案例教学又将教学方式由教师单向传授知识转变为师生双向互动探讨问题。这不但活跃了课堂气氛，而且充分调动了学生思考问题的积极性和学习的主动性，对于提高学生的综合素质具有深远意义。

（三）完善课程考核方式

在经济法课程考核中，教师应采用多种手段考查学生成绩，使学生全面掌握所学知识。对此，教师应采用平时布置书面作业、课堂组织热点讨论、期末进行严格考试的多种考查学生的方法，这将有利于促使学生扩大知识面，牢固掌握所学理论知识。笔者主张经济法课程考核分为三大模块：一是平时案例讨论课、模拟法庭活动情况、诊所式法律教学参与情况，这作为一个重点考核内容，应占总成绩的50%；二是平时作业及出勤情况，应占总成绩的20%；三是期末书面答卷情况，应占总成绩的30%。这样设计的考核结构将有利于全面检验学生对经济法知识的理论学习效果和实践运用能力，防止出现高分低能现象，能够比较科学、全面、系统地引导学生重视实践能力的培养和学习。

（四）完善实践教学体系，引进诊所教育模式

诊所法律教育是美国法学院普遍使用的一种法律实践式的教育教学方法，是一种直接以培养学生的法律执业技能为目标的教育方式，它引导学生以自己所学理论知识直接去面对和处理一个个没有现成答案的法律问题，从而培养学生的综合判断和创造性思维能力[2]。诊所法律教育法的引入无疑将为我国经济法课程的法律实践教育改革提供了新的参考模式，将其运用到经济法教学中具有重大现实意义，有助于提高学生的学习兴趣，消化理论知识，增强其运用经济法分析解决问题的能力。这种教育模式将理论和实践相结合，使学生对理论认识更加透彻、深刻，掌握的理论知识就更加牢固了。更重要的是，通过理论在实际中的运用，学生们提高了运用理论解决实际问题的能力，不但锻炼了自己的能力，而且使自己逐渐成为社会所需的应用型人才。此外，在实践中积累的经验素材，还能进一步推动经济法实践教学的完善、创新，促使经济法实践教学体系更加成熟。

总之，在经济法课程教学改革过程中，我们需要关注、研究的相关问题还很多，困难也很大。但在新的时代变革和新的教育理念、人才培养格局之下，传统的经济法课程教学必然会受到质疑和挑战，为了适应时代变化，经济法课程教学改革势在必行。

参考文献

[1] 房文翠. 法学教育价值研究[M]. 北京:北京大学出版杜,2005.

[2] 黄延廷. 经济法的发展及前景分析[J]. 中国经贸导刊,2010(18):98.

知识产权应用型人才培养研究

——以四川理工学院为例

缪　锌　杨千雨①

摘　要： 随着知识经济的发展和权利意识的高涨，社会对知识产权人才的需求激增。本文在厘清人才培养类型、模式的基础上，指出四川理工学院培养知识产权人才的优势和学科实力，正视知识产权人才培养现状的弊端，着力相应配套改革，构建匹配于培养模式的教学内容、课程体系、师资队伍、实践教学体系和评价系统，充分利用校内外资源，走出一条行之有效的人才培养之路，积极回应创办应用型综合性大学的主题。培育大量知识产权应用型人才是四川理工学院义不容辞的时代使命。

关键词： 四川理工学院；知识产权人才；应用型；培养模式

当代经济生活中，知识财产发挥着越来越重要的作用，是决定国家核心竞争力的重要因素。在知识产权日益成为国际关注重点的同时，各国围绕知识产权的国家顶层设计亦日益推进。不可否认的是，西方发达国家已经走在前列，而作为发展中国家的中国急需在知识产权申请、知识产权保护、知识产权人才培养等方面实现跨越式发展。可喜的是，在《国家知识产权战略纲要》和《国家中长期人才发展规划纲要（2010—2020年）》的统领下，我国知识产权的各项事业建设成效显著。但是，知识财产的非物

---

① 杨千雨（1978—），女，重庆人，法学博士，讲师，主要研究方向为法学教育与知识产权法。

质性、专业性强等特点，使得我国知识产权人才的培养，仍难以满足目前经济发展的需要。习近平总书记多次指出："我们比历史上任何时期都更接近实现中华民族伟大复兴的宏伟目标，我们也比历史上任何时期都更加渴求人才"。千秋基业，人才为先。知识产权强国建设的目标为全国知识产权人才工作指明了方向，明确了思路，今后的知识产权人才工作将全面提高工作的广度和深度，服务人才需求，支撑强国建设[1]。《2014 年全国知识产权人才工作要点》明确了高校知识产权人才培养的重大作用。四川理工学院开展知识产权人才培养，对于四川理工学院知识产权学科建设，加大知识产权人才培养力度，完善四川省知识产权教育布局，积极融入并服务于地方经济社会建设具有重要的意义。

一、社会对知识产权人才有巨大的需求

面对经济社会的高速发展和全球经济一体化进程的加快，知识产权市场竞争日趋激烈，对各层次知识产权人才的需求量极大。当前，知识产权人才的培养速度和规模远不能满足市场需求。据国家知识产权局知识产权发展研究中心统计，至 2020 年，我国知识产权专业人才预计需求量为 10 万人，其中高层次专业人才为 5 万人。国家知识产权局已着手全国 6 个知识产权审查分中心建设，仅西南分中心知识产权专业的法律人才需求量就达2000 人以上，而目前在岗人员不到 200 人。

二、四川理工学院知识产权人才培养类型及培养模式

知识产权人才的培养单位应根据自身的学科优势，量身定制各具特色的人才培养计划，并努力践行。在确定本校知识产权人才培养类型及培养模式时，要对其他高校的知识产权人才培养状况进行研究，了解其他高校（尤其是本地区）目前正在培养哪些知识产权人才，其人才培养质量和数量，尽量选择其他高校所没有的知识产权人才培养方向作为本校的主攻方向[2]。

就川南地区而言，宜宾学院于 2016 年秋首次招收知识产权本科生，其他高校则尚未开展此方面的工作。

（一）四川理工学院知识产权人才的培养类型

细分知识产权人才，主要包括以下几类人员：①从事知识产权公共管理事务的业务人员；②知识产权司法审判人员；③企事业单位从事知识产权事务的业务人员；④社会从事知识产权中介或服务的专业人员；⑤大学中从事知识产权教学的教师和研究所（中心）中从事知识产权研究的研究人员[3]。而《国家知识产权战略纲要》所指社会急需的知识产权管理和中介服务人才应当属于具有理工背景、懂技术、懂法律、懂管理的实务型、应用型知识产权人才。目前，我国在应用型知识产权人才方面存在巨大缺口。在此背景下，作为知识产权人才培养输出地的相关高校，如果"不接地气"，一味强调高端知识产权人才的培养，忽视应用型知识产权人才的稳定培养，会导致适应我国知识产权事业快速发展的人才短缺。

依据知识产权人才划分的理论路径，契合国家知识产权事业的发展，在前期调研走访政府部门、企事业单位获得第一手对知识产权人才的需求信息，参观考察成渝有关高校知识产权人才的培养现状后，结合理工类院校的办学理念及特色，将四川理工学院的知识产权人才培养类型定位于知识产权应用型人才培养。

（二）四川理工学院知识产权应用型人才培养的模式

学界对知识产权人才培养模式通常分为以下四类：①普及教育层面；②本科学历教育层面。这其中又划分为知识产权本科教育、知识产权第二学位教育及在理工科专业学生中开展知识产权双学位教育。就各高校知识产权教育实践来看，知识产权第二学位教育模式因学时长、学历层次不合理已被淘汰。而知识产权本科教育模式因培养出的部分学生知识结构不合理、实践能力较差也饱受争议；③研究生学历教育层面；④专门教育层面[4]。

我们认同，在理工院校内部，知识产权专业人才的培养需要走专业化、特色化、多元化的道路，不应简单地将知识产权人才进行同质化培养，而是应依据各个高校的特色与基础进行差异化探索[5]。据此，凭借四川理工学院开办多年法学双学位教育的有利前提，特别是获批"四川省知识产权教育培训基地"，在准确定位学校知识产权应用型人才培养类型后，根据学校实际，四川理工学院的应用型知识产权人才培养模式为普及教育、本科学历教育和专门教育。四川理工学院知识产权应用型人才的培养模式，既立足于教育与培训的一般目标，同时也重点考虑当前和今后社会对应用型、复合型知识产权人才的迫切需求，以满足社会发展的差异性需要。

三、四川理工学院开展知识产权应用型人才培养的优势

四川理工学院是"四川省高新技术产业示范科研单位""自贡市知识产权示范单位"。作为自贡市的科技支撑和核心单位，四川理工学院积极融入自贡市技术转移中心，参与推进科技成果转化、产业化，直接支撑了"自贡国家高新技术产业开发区"的建设，学校与政府有关部门联合组建了"自贡国家科技企业孵化器""自贡国家新材料产业化基地"，有力支撑了"自贡国家节能环保装备制造产业化示范基地"和"自贡市国家知识产权试点城市"的建设。四川理工学院作为川南地区学科门类最为齐全的综合性大学，一直以来在培养各类专门化人才中发挥着积极作用。四川理工学院已经建立了九大学科门类，各专业基础深厚、底蕴悠长，在面向社会发展，培养高层次应用型、复合型人才方面具有长期的积累和丰富的经验。四川理工学院知识产权应用型人才培养，既是依托四川理工学院理工科优势，突出多学科交叉融合，加强社会服务，培养应用型人才的必然举措，又是进一步发挥法学专业资源优势，适应社会发展对专门化人才的需要。

四川理工学院法学专业在人才培养方面一直坚持以社会需求为导向、

以实践应用为基础、以提升能力为内容的教育模式，走专门化道路，定位准确，针对性强，注重学生创新能力和实践能力的培养与训练，符合知识产权应用型人才的培养要求。

四、四川理工学院知识产权应用型人才培养的配套改革

结合考察走访及分析研判，我国知识产权人才培养由于受传统教育惯性思维和改革进程的影响，还存在一些不足：一是在培养目标上强调高级人才的培养，注重知识产权知识的传授，严重忽视知识产权人才整体素质的培养提高。二是重知识产权理论教学，轻知识产权应用教学；重课堂教学，轻知识产权与生产的结合教学，学生的知识产权应用能力普遍不能适应知识经济的发展。三是注重单一能力的培养，忽视知识产权运用综合能力的培养。四是注重知识产权具体规则的传授，缺乏与知识产权规则相联系的其他学科的结合。

为弥补四川理工学院的知识产权应用型人才培养的不足，与此相关的配套改革势在必行。前述确定了四川理工学院知识产权应用型人才培养模式有三类，立足于教学运行的现实，在此着重探究本科教育的双学位教育模式的配套改革。

（一）全面深化知识产权教学内容和课程体系改革

知识产权应用型人才培养应按社会所需制定培养方案，在培养方案的指领下，强调以学生为中心，推进教学内容、课程体系、教学方法、教学手段、教材建设等设计和优化，以完善的教学体系，保障人才的培养。

知识产权应用型人才培养的教学内容与课程体系改革是知识产权教学改革的重点和难点。应当从知识产权应用型人才培养所要达到的整体目标出发，统筹规划知识产权教学内容和课程体系，实现知识产权应用型人才培养的教学内容与课程体系的融合与优化，通过具体课程重组，加强工、

法、管相关专业以及相似课程之间的交叉和融合，改变现有教学计划划分过细而形成各门课程都过分强调系统性和完整性的现状。将现有分得过细与过分独立的课程进行更大范围的整合，加强知识产权人才素质教育，加大知识产权选修课和实践课教学的比例，培养学生具体操作应用能力。知识产权课程体系改革要强化课程的教学与实习、知识产权科研与技能训练、知识产权专业实习等各项实践教学，提高实践教学所占学时比例，从四川理工学院设计的课程体系看，实践教学所占总学时数比例已超过35%。

知识产权实践教学是培养知识产权应用型人才，开展知识产权教学工作和提高课程教学质量的重要环节，特别是专利和商标等课程的实践教学环节，必须要设置培训学生综合能力的教材、应用讲义或指导用书，设计出具有针对性、代表性、验证性的实验，将知识产权教学与科研、经济生产实践有机地结合起来，开展一系列知识产权课程教学辅导、研讨、社会实践等活动。

（二）加大对教师队伍的改革

认可知识产权实践教学的重要性，实现学生知识产权应用实践能力的提升，保证实践教学达到预期的效果，必须有一批既有理论，又有丰富实践经验的双师型教师队伍。学校可以通过校外引进、将本校教师送培进修、鼓励中青年教师到高新企业参加知识产权应用实践等方式实现。聘请校外高级知识产权骨干来校讲学或担任知识产权兼职教师承担相应实践教学课程，利用"传、帮、带"的形式，强化校内教师知识产权实践技能，增加知识产权实践知识，快速提高教师的知识产权实践教学能力。

激励机制是建设双师型教师队伍的动力，按照公平、公正、科学、合理的要义，制定并实施双师型教师的评价和激励措施，对符合条件的教师在职称评聘、评优评奖、外出进修，以及相关待遇等方面给予适当倾斜，保证双师型教师的理论水平和实践教学能力适应人才的培养和行业的发展。建成一支适应知识产权应用型人才培养所需的年龄、职称、学历、学缘结构合理的、数量较为充足的"双师型"教师队伍。

（三）大力建设知识产权实践教学中心

目前，不少从事知识产权教学的高等院校在实践教学中心建设中存在着重研究项目申报、轻理论成果转化，重实践教学中心自身建设、轻人才培养等问题，走入了人才培养的歧途，影响了知识产权实践教学工作的效果和实践教学中心的内涵式发展，对此，我们应引起高度重视。知识产权实践教学中心是知识产权教学、科研和知识产权教学课程推广的不可缺少的中心，是知识产权理论与生产实践相联系，培养社会所需应用型、复合型人才的重要场所，直接关系到知识产权实践教学质量，是知识产权应用型人才培养的关键。因此，应根据应用型人才培养的目标特点，建立校内外知识产权实践教学中心。

对于校内知识产权实践教学中心的建设，将充分依赖依托四川省知识产权教育培训（四川理工学院）基地的信息、科研、人力、培训优势，将其作为知识产权应用型人才培养的主阵地，为避免同质化、低层次重复建设，应当发挥校内各实践教学中心的特色，挖掘其潜力，进行统一规划，尤其整合理、工、管类实践教学中心的资源，保障知识产权应用型人才实践教学之需要。

加强校外教学实践中心的建设显得特别重要，对它的建设，我们选择了国内知名企业（东方电气集团东方锅炉股份有限公司、中昊集团晨光化工研究院），著名知识产权代理机构（成都九鼎天元知识产权代理有限公司）及律师事务所（四川法思凯律师事务所）作为合作伙伴，通过校地合作，走联合办学之路，让学生把所学的知识产权理论知识应用到生产实践中。我们清醒地认识到，校外知识产权实践教学中心的建设不仅要适应知识经济发展的规律和产业结构调整的需要，更应满足社会对人才培养的需求。

（四）强化知识产权实践教学的方法改革

1. 鼓励学生参与知识产权实践

鼓励学生直接参与知识产权实践教学中心的运作，主动参与知识产权管理、知识产权保护项目。这样既培养了学生的知识产权实践应用能力，又锻炼了学生知识产权经营与管理能力。特别是，让学生参与到教师所从事的科研项目中，能够培育其独立参与知识产权科研活动和开展知识产权运用的意识和能力。

2. 教学考核评价的改革

根据知识产权应用型人才培养教学计划的部署与要求，有的放矢地制定实践教学考核评价系统，重点建立健全培养目标与社会要求一致的评价制度，教学内容、课程体系、教学方法对学生核心能力培养的有效性评价制度，社会对学校教学与毕业生质量的评价制度。主要在三个方面突出考查学生分析问题、解决问题的能力：知识产权的基本理论、知识产权的基本知识和知识产权基本应用。对考核方式不断进行探索，考核方式除笔试外，还需包括小组讨论、案例分析。

通过知识产权应用这一教学环节考核学生运用所学知识产权知识解决实际问题能力，建立以知识产权应用能力考核为主，常规考试与知识产权应用测试相结合的综合性考核制度。利用网络系统建立知识产权课程的实践教学案例资源，让学生通过网络教学案例即可对所学的知识产权理论知识进行初步测试，了解掌握所学知识产权内容的真实情况。

五、知识产权应用型人才培养的外部条件

高校作为促成知识产权应用型人才培养目标实现的载体，具有人才培养的先天条件，然而，知识产权应用型人才的培养尚需要外部条件的形成和支撑。四川理工学院开展知识产权应用型人才培养工作，除了在学校统

一规划部署，在职能管理部门（尤其是服务地方工作处）的协助外，以法学院为主体，积极获得政府主管部门的大力支持，甄选优质实务部门共同参与。

（一） 政府主管部门的支持

争取政府在资金和政策方面的支持，对知识产权应用型人才培养十分重要。第一，争取政府的资金支持。知识产权应用型人才的培养具有极强的实践性特点，因而需要大量的资金投入，单纯依靠学校的专业支持资金难以满足需求。同时，力争形成政府对知识产权应用型人才培养的稳定持续投入机制。第二，争取政府的政策支持。知识产权应用型人才的培养除资金要件外，尚需要政府在政策上的倾斜。四川理工学院在四川省知识产权局、自贡市知识产权局的大力支持下，获准成立四川省知识产权教育培训（四川理工学院）基地，在这有利背景下，我们应积极争取国家知识产权局在知识产权学科建设、专业人才培养、重点研究基地等方面给予进一步的政策支持。

（二） 实务部门的共同参与

四川理工学院法学院已和数十家实务部门开展合作，积极践行"高校-实务部门联合培养机制"，共同制定实践教学的培养目标、教学方法，共同探索实践教学的课程体系，共同组织实践教学经验交流，形成了多样化、常态化、规范化的实践培养机制。将来，需进一步深化校地合作，与更多的优质实务部门全方位对接，"拿来我用""双方互惠"。在知识产权应用型人才教育教学方面，聘请具有实务经验的知识产权从业人员兼职教学，以满足知识产权人才培养的复杂性需求。

六、结语

知识产权人才具有复合型、实务化、多样性的特点，使得知识产权应用型人才的培养，必须积极推进法学与工学、管理学的资源整合，形成多学科渗透交叉的培养局面。由四川理工学院法学院承担知识产权应用型人才的培养工作将有利于四川理工学院进一步凝练学科方向，优化学科布局，继续弘扬特色，促进全面发展。知识产权应用型人才培养作为四川理工学院人才培养的重要一环，也是对建设以工为主、多学科协调发展、特色鲜明、优势突出的应用型综合性高水平大学的积极回应。

参考文献

[1] 王玥.强国建设,人才为先[EB/OL]. (2014-8-19)
http://ip. people. com. cn/n/2014/0819/c136655-25494244. html.

[2] 钱建平. 论高校对知识产权人才的错位培养[J]. 江苏社会科学,2010(6):255-256.

[3] 郑胜利. 新经济时代我国知识产权专业人才教育的思考[J]. 知识产权,2008(2)33-37.

[4] 杜伟. 高校知识产权应用型人才培养路径探究[J]. 政法论丛,2013(6):124.

[5] 袁晓东,朱雪忠. 知识产权管理专业与人才的胜任力[C]//陶鑫良. 中国知识产权人才培养研究(第二辑). 上海:上海大学出版社,2010:140-143.

基于成果导向教育理念的知识产权法学双学位人才培养机制研究

——以四川理工学院知识产权人才培养为例

吴　斌　涂　强

摘　要：依法治国与创新驱动发展成为国家发展战略，需要大批高素质的法律人才、管理人才和科技创新人才，而复合型应用性的高素质知识产权人才的培养无疑有着重要的地位和作用。本文以成果导向教育理念为指引，以国家、社会和行业对知识产权人才职业能力要求为导向，以培养复合型应用性的高素质职业化知识产权人才为目标，以在理工科和人文社科专业知识基础的学生中遴选优秀学生开展知识产权法学双学位教育为路径，以课程体系的反向设计和课程实施大纲为抓手，探究和践行符合理工院校特色的知识产权人才培养机制。

关键词：成果导向；知识产权；人才培养机制

按照党的十八届三中全会关于全面深化改革的精神要求，高等教育改革是经济社会改革的排头兵和先遣队，因为经济社会的发展依赖于掌握先进科学技术的高素质专门人才。国家实施的创新驱动发展战略，核心是科技创新，关键是人才优先转型升级，注重"从人口红利转向人才红利"，培养高素质职业人才[1]。高等教育作为一种培养高素质专门人才的活动，必须时刻关注国家发展战略和职业需求的变化趋势，才能适应经济社会发展需求。学生不仅希望在高校学到既有的成熟的专业理论知识，更希望有能力在四年左右时间内增强学习能力以自觉接受新知识、发展新能力，并能"零距离"地从事职业化工作。因此，高校深化教学改革，首要的问题是转变教育教学观念和人才培养理念，变"投入"式为"产出"式教学，还原学生在教学过程的中心地位，使整个教学过程成为学生创新创造能力培育训练的过程，通过教与学的双向互动，激发学生学习的自主性和积极性，培养学生的学习能力、创新能力、动手能力和表达能力，而以行业需求之职业化能力为教育成果导向，创新学生知识产权能力的培养机制则是高校知识产权本科人才培养的重要研究课题。

一、成果导向教育理念的内涵分析

发源于欧美并被美国、英国、加拿大等国教育广泛采用的工程认证专业教育领域的成果导向教育（英文缩略语 OBE），取得了明显的教育教学效果。成果导向教育以每个学生都有基本的学习能力为前提，以学生为中心、成果为导向而设计的课程体系与实施方案，是基于"产出"的核心思想，其焦点在于学生"学到了什么"，强调的是学生的能力培养、能力训练，而不是学校、教师"教了什么"。教育教学设计与实施回归到学生毕业后能"带走"的实际能力，而不是具体的教育教学要求本身，强调围绕学生的学习任务、专业设置、职业范围开展教育教学活动，重视学生学习成效，开发学生核心能力，重视培养学生适应未来、适应社会职业化需要的综合能力，以确保就业竞争力。"以成果为本的教育"意味着清楚地关注和组织教育系统中的每件事，围绕着一个根本的目标，让所有学生在学习活动结束时能够获得成功[1]。在美国、日本等国家和中国台湾地区，教育工作者及教育界研究人员基本达成共识，成果导向教育被公认为"追求教育卓越的一个正确方向和值得借鉴的教育改革理念"[2]。成果导向教育是面向职业，根据国家、社会、行业需求和学生需要确定学习成果。

成果导向教育是一种为学校、学习者和社会职业化需求提供良好支持的方式，是一种基于社会需求的通过教育机构外在的教育培养和学生内在自我训练相结合的的学习成果为导向的教育理念，是将教育机构在进行教学设计和组织教学实施的目标与学生通过学习过程的互动结合而获得的符合社会需求的最后能力素质成果。因而，在强调学生学习成果的同时，不但要求学校要有有效的切实可行的实施措施，还要求学校制定的课程体系更加符合国家、社会和行业对人才的满足程度，更要求有行之有效的学习成果评价方式。这些内容和要求的实现，必须以创新基于成果导向教育理念的人才培养机制构建作为保证。

二、知识产权人才社会需求与教育培养存在的问题分析

（一）知识产权专业人才的社会需求分析

2008 年，国务院颁布实施《国家知识产权战略纲要》，从机制创新、法律保护、人才培养等方面规划了我国未来知识产权制度的发展方向，顺应了知识产权的竞争已然成为世界未来竞争的主旋律的客观要求。国家知识产权战略助推经济社会发展，知识产权创新是国家知识产权战略的核心，培养既懂法律、经济、管理又有科技专业知识的高素质、复合型、应用性知识产权人才，是自主知识产权创新的动力和有效保护知识产权的途径，也是国家知识产权战略积极实施的前提和保障。

21 世纪是知识经济的时代，在全球经济一体化加速发展的大背景下，各个领域的国际合作与交往日益频繁，国际经济和贸易竞争日趋激烈，而内含知识产权的竞争是核心要素和关键手段，为此，知识产权的运用与保护成为各国提升国际竞争力的重要战略之一。但是，正如中国知识产权人才培养研究报告指出的：我国知识产权创新能力不强，60%的企业没有自己的商标，99%的企业没有申请专利；知识产权管理水平还在低位上运行；知识产权保护还有较大差距；知识产权成果转化融资率不高[4]。这在客观上也反映了对知识产权人才的社会需求。

随着全面深化改革、进一步扩大对外开放与合作，以及完善社会主义市场经济体制机制的纵深推进，大批的知识产权专门人才成为急需，社会各行各业急需高等学校能培养出一批既懂知识产权法律又懂知识产权管理的高级复合型、应用性知识产权专业人才。例如，在高新科技型企业从事知识产权法务与管理的人员，需要拥有一定的科技知识；在文化产业从事知识产权法务与管理工作的人员，需要具备商标、版权知识和相应文化底蕴等。

1. 知识产权人才的社会需求激增

国家知识产权战略研究报告《知识产权人才队伍稳定建设和宣传普及研究》（2007 年）指出：到 2020 年，我国知识产权人才的需求总数预计为8 万至 9 万人，其中，绝大部分是社会急需的实务型知识产权专业人才[5]。

根据《中国知识产权高等教育论》关于知识产权人才调查分析，认为知识产权人才缺乏的人数占被调查人数的比例达到 95.87%，知识产权人才缺乏是客观的事实。对不同专业的知识产权人才需求量的调查进行排序，分别是知识产权管理人才、知识产权法律人才、知识产权技术人才、知识产权领导人才、知识产权经营人才和知识产权其他人才[6]。

2. 企业知识产权专业人才需求急剧增加

随着我国经济转型发展和竞争的日益加剧，企业自主知识产权的核心竞争力日益显现出强大的竞争优势，但是从事企业知识产权管理的人才远远不能满足企业发展需要。按照国际惯例和一些跨国公司的经验，企业和科研机构一般应按研究开发技术人员 1%~4% 的比例配置知识产权专业人员。目前欧美国家的知识产权优势企业中，科研人员与知识产权管理人员的比例已达到 34：1。我国企业合理的结构是每 50 个科研人员配备一名知识产权管理人员，以此推算我国的知识产权人才需求量约为 6 万余人，而我国高校每年培养的专业人才仅 3000 余人，应用型知识产权人才匮乏，供远小于求[7]。

3. 知识产权行政审查与行政管理人才需求缺口大

国家知识产权专利审查协作六大中心每年的人员招考人数约 2000 人。知识产权行政管理机构扩容与人员增加幅度应在 30%左右，对于在省市以下增建的一批知识产权行政机构中，此类工作人员预计还需要 4000 人左右[8]。

4. 各级公检法部门对知识产权专业人才的需求进一步扩大

随着我国知识产权侵权和知识产权犯罪数量的增加，知识产权维权与解纷需要大量的专业技术人才的加盟。

5. 知识产权中介服务行业专业人才需求大

随着国家知识产权发展战略和国家知识产权服务业发展政策的出台与激励，知识产权服务业发展迅速。根据我国涉外和国内知识产权诉讼与非诉讼形势发展的需要，我国在近一个时期大概需要 3000～5000 名较熟悉或精通知识产权诉讼业务、非诉讼业务的律师，专利和商标代理人至少需要 6000 人，另外，至少需要 1000 名的版权经纪人[8]。

（二）现行知识产权人才培养存在的问题与不足

我国知识产权专业人才培养工作自 20 世纪 80 年代初期开始，经过 30 多年的培养历程，培养了各层次知识产权人才，取得了阶段性成效，为我国知识产权作出了较为突出的贡献。但是，随着经济社会的发展对知识产权专业人才的需求急剧增加，对知识产权人才的能力素养也提出了较高要求。

当前，知识产权专业人才培养已成为国内外教育界和实务界关注的热点问题之一，而针对满足行业需求的知识产权专业人才培养却存在诸多问题与不足：一是知识产权人才培养的数量和质量不能很好地满足社会经济发展的要求。二是对知识产权专业人才本身的认识还存在较大差距，有的教育者认为知识产权专业人才是具备知识产权理论知识和一定实践技能的人才，有的则认为是具备多学科交叉融合的综合性人才。三是目标定位不够准确，虽然国家和社会对知识产权人才的需求是多样化的，但是各培养机构对知识产权人才的培养目标却大同小异，不具自身特色与优势，要么定位为培养单一的知识产权法律人才或管理人才，要么定位培养从相应基础知识的理工科学生中遴选出来学习知识产权法律的学生或开设法学双学位，不能满足知识产权行业的多样化、复合化人才需求。四是课程体系设置还处于以学科为基准来进行设计的层次，而知识产权的学科地位和专业属性目前在国内又存在不同的认识与看法。有的认为属于法学学科下的二级学科。有的认为属于管理学范畴；有的认为应是融法学、经济学、管理学、工学等众多学科专业知识的复合型范畴；有的仅以知识产权面上的课程设置为主而缺乏相应的如专利代理人、版权经纪人、商标代理人职业化培养课程体系，如此等等，导致知识产权人才培养课程体系相当零乱，内容庞杂无边，难以满足知识产权人才成长和社会需求，知识产权人才的知识结构欠合理。五是课程实施上存在重理论轻实践、重法律知识的传授轻管理与科技知识的摄取、重素质教育轻职业化教育等问题，缺乏与社会需求有效衔接的人才培养机制，知识产权专业人才的应用性差，知识产权应用技能和研判解决知识产权问题的能力等较为欠缺，导致学生毕业上岗后用人单位还必须再进行知识产权职业化专门训练，增加了用人单位的用工成本，也导致了学生就业竞争力的不足。六是知识产权师资队伍数量不足，实务技能型教师缺口大，不能很好地满足知识产权专业人才的培养需要。七是知识产权人才学位授予五花八门，授予法学、管理学、经济学、社会学学位均有。八是专利代理人职业资格考试限定在理工科专业毕业生，一定程度上降低了知识产权专业人才培养的动力和吸引力。

三、成果导向教育理念下知识产权人才培养的目标定位与课程体系设计

(一) 基于社会需求的知识产权人才培养的目标定位

成果导向教育理念是众多教育理念的综合发展演变而成的, 既融合了人本教育和成功教育思想, 又受职业教育和能力本位教育影响[9]。在此理念的指导下, 我们逐一厘清培养目标及其课程体系的设计与实施方案, 构建知识产权人才培养的新机制。

成果导向的教育理念, 在培养方案的设计思路上, 就是从人才培养最终达成的成果出发进行反向设计, 而这其中最为重要的就是人才培养的目标定位。

根据知识产权国家、社会特别是行业需求实际, 结合学校办学目标定位, 知识产权人才的培养目标是高素质、复合型、多样化的应用性人才, 走知识产权双学位人才的培养模式, 通过课程体系的构建和成才氛围的营造, 通过 "专业核心课程制度" "课程实施大纲" 和学生 "十个一" 的养成教育活动, 让学生的潜能浮出水面、个性得到张扬, 为他们未来幸福地生活奠定坚实的基础, 并着力提升学生 "高度的责任心、持续的进取心、强烈的好奇心" 等三项素养, 增强学生 "表达能力、动手能力、创新能力、和谐能力" 等四大基本能力, 实现 "社会担当与健全人格结合、职业操守与专业能力结合、人文情怀与科学精神结合、历史眼光与全球视野结合、创新精神与批判思维结合" 等五个结合, 持续夯实学生实现人生理想的基础和从事职业的能力, 以提高学生的就业竞争力和社会适应力。

(二) 基于培养目标的知识产权本科人才学习成果

通过调研和走访政府知识产权管理部门、企业知识产权管理人员、知

识产权中介服务机构、知识产权维权与解纷人员等，广泛听取用人单位对知识产权人才的能力需求与建议，结合高校教育现状和四川理工学院实际，校内外、理论与实务部门专家学者反复研讨论证，求证出知识产权本科生毕业时应具备的基本知识和基本能力，并围绕着这些基本知识和基本能力（毕业要求、毕业生能力、学习成果）进行课程设计和课程实施。

一般而言，知识产权本科人才学习成果包括 10 项能力：①设计及分析知识产权问题的能力；②应用法律、管理及知识产权知识的能力；③知识产权职业化创新与运作的能力；④审查、判定及解决知识产权问题的能力；⑤个人及社会责任与职业伦理；⑥人际沟通与协调能力；⑦理解世界和本国知识产权战略对社会、行业及全球影响的能力；⑧掌握并熟练运用法律救济措施解决知识产权纷争的维权能力；⑨对社会关注的知识产权热点、难点问题有跟踪意识和一定的认识能力；⑩能够认识到终身学习的重要性，并拥有切实执行的能力。

针对具有理工科背景的学生学习知识产权，其学习成果又有一些特殊的要求，如科技创新能力、保护科技创新成果的能力、收集科技情报和信息的能力、科技转化能力、知识产权管理能力等。

针对具有人文社科背景的学生学习知识产权，其学习成果的特别之处在于知识产权管理能力、知识产权信息检索查询能力、知识产权融资许可能力、知识产权维权能力等。

（三）基于成果导向教育理念的知识产权人才培养课程体系设计

在成果导向教育理念指引下，学生的毕业成果即毕业指标点的取得与实现依托于课程体系。基于知识产权本科人才学习成果的 10 项能力来综合设计课程体系，贯彻"学生中心"而非"教师中心"，亦非围绕"时钟和日历"的育人观念，体现理工科背景和人文社科背景来分别架构并控制课程，彰显课程特色，以确保知识产权本科学生在毕业时满足职业化需要的知识、能力和素养。

为了满足职业化、多样化的知识产权人才需要，我们实施知识产权双学位人才培养路径，即在第一学位（理工科或人文社科专业）修读期间，同时学习知识产权专业，具备知识产权人才所需要的复合型、应用性知识结构，并在成果导向教育理念指引下，依据知识产权职业化需求、学生的实际和理工科院校背景来综合设计知识产权双学位专业课程体系。

课程体系由课程结构诸要素有机组织与配合而成，是培养目标转化为学生学习"成果"的关键纽带，是学习成果达成的重要依据。课程结构以设计的开放性、职业化等一定的课程理念和价值取向贯穿始终，包含课程模块、课程内容、具体科目等要素的设计，以体现各课程模块及其相互之间的逻辑关系。知识产权人才培养课程结构体系包括通识教育课程模块、专业基础课程模块、专业核心课程模块、专业拓展课程模块和实践能力课程模块，在每一模块中又由多门具体课程构成，同时设计出各门课程在整个课程体系中的学分及其与相关课程的逻辑关系。

通识教育课程是以人为本的全面素质教育，注重培养学生的社会公德意识、人际交往能力和基本科学素养，目的是使学生有信仰、有操守、有强烈为社会担当的责任意识。鉴于此，通识类课程模块包括通识核心和通识拓展课程。通识核心课程（国家教育部规定的课程）包括：思想政治理论课；外语；体能；计算机。通识拓展课程（根据职业需要而设计的招标类课程）涵盖：文史经典与文化传承，其内容为哲学智慧与批判性思维；文明对话与世界视野；科技进步与科学精神；生态环境与生命关怀；艺术创作与审美体验等。

专业基础课程是在知识产权职业化需求下的融合多学科专业的知识，是满足知识产权人才的本体性知识。专业基础知识的学习，旨在让知识产权人才掌握职业化所需要的基础知识。专业基础课程模块包括：理工科或人文社科专业知识课程；知识产权专业基础知识课程，如民法学、合同法学、经济法学、管理学、社会学等。

专业核心课程就是把专业中最根本、最具原理性和学科代表性的知识点抽取出来，整合成为能够体现该专业核心价值与基本面貌、符合社会需要与学生发展规律的课程。学生学完这些课程，即可掌握本专业的基本知识体系和发展前景，形成具有核心意义的专业素养与基本能力，能适应社会对学生专业上的一般要求。专业核心课程模块涵盖：科技管理与科技政策；知识产权管理与运营；文献检索与应用；专利与商业秘密，专利申请实务；商标与不正当竞争，商标申请实务；版权与设计，版权保护实务；国际知识产权保护条约；知识产权专题（主要包括软件的版权保护、生物技术与信息技术的知识产权保护、包括域名在内的网络知识产权保护、知识产权的开发与技术转让、平行进口与竞争法、包括跨境纠纷在内的救济与诉讼、专利代理人的角色和职业责任等）。当然，针对理工科和人文社科背景的学生在专业核心课程的设置上是有所区别的，理工科背景学生的专业核心课程设计重点在专利、知识产权运营与转化等，人文社科背景学生的专业核心课程设置重点在商标、版权保护、知识产权管理等。

专业拓展课程就是为满足学生职业化综合能力的拓展和报考本专业研究生的需要所开设的专业课程或者为学生毕业后准备到相关政府、企业从事与本专业密切相关的工作所开设的课程。这是为了满足学生的兴趣和能力，以促成适应在本专业创新性工作和继续深造的强烈愿望的实现。专业拓展课程模块包括知识产权经济学、企业知识产权战略、企业项目管理、企业战略管理、知识产权司法实务等。当然，对于不同背景学生的专业拓展课程是有所选择与侧重的。

实践知识是知识产权专业学生在职业化过程中可能遇到或出现的实际情境中的问题时所具有的背景知识及其处理问题时与之相关的情境性、操作性知识。实践能力课程就是为了学以致用而延伸学生专业知识应用于实践，以达成熟练技能和创新能力的培养。实践能力课程模块包括知识产权专业实践教学训练（模拟法庭，实验室）、"政产学研"合作平台实践训练、创新与创业、大学生创新项目研究，专业实习、顶岗实习和毕业论文等。

四、基于成果导向教育理念的知识产权人才培养路径选择

成果导向型人才培养机制是以职业化为导向，以能力训练与养成为本位，以满足职业需求和执业要求为内容，运用高校理论学习与实务部门实践训练相结合的人才培养方式，培养学生具有综合职业素质的复合型、应用性知识产权专业人才的培养运行机制。

（一）课程实施大纲制

杨叔子院士指出："百年大计，人才为本；人才大计，教育为本；教育大计，教师为本；教师大计，教学为本；教学大计，课程为本。"教师完成的是课程，而课程是培养方案的基本元素。同一课程名称，选什么教材、选哪些参考书、谁来教、怎么教，其效果会大不一样。这就涉及课程实施问题。

自20世纪70年代开始，课程实施作为课程研究的一个专门领域进入了教育研究的视野。随着研究的深入推进，取得了显著成果，但对课程实施的认识还未达成共识：一是把课程实施视为课程方案和培养计划的实际执行过程，考察重点是课程方案与培养计划的落实情况；二是把课程实施视为一个动态的不确定性的过程，考察重点是实施中课程改革的程度和影响因素[10]。但是，比较一致的认同为课程实施是课程付诸实践以实现课程设置目的与要求、达成学生能力的教学实践活动。在这个教学实践过程中，不仅是教师主体作用发挥的过程，更是学生中心主义体现和学生学习的过程。教师在课程实施过程中不是一个方案或讲义伴"终身"，而是在特定情境下需要对课程实施方案进行调适和创新，因而，课程实施，应构建"成果导向持续改善之双回圈课程规划与管理"机制[11]。

1. 课程实施大纲的设计与运用

走内涵式发展，不断提升教育教学质量已成为我国高等教育全面深化

改革的最核心、最紧迫的任务。在我国传统的大学教学中，比较普遍的做法是制定课程实施的是教学大纲。教学大纲是根据教学计划以纲要的形式编写的有关学科教学内容的指导性文件，被视为一种教学辅助文件。大多数情况下，教师编写教学大纲对学生的学习指导作用甚微，在教学实践过程中基本上也没有严格遵照执行。加之由于教学管理制度的滞后，特别是教学质量评价方式的落后，教学大纲更是形同虚设，教学大纲与教师教学和学生学习脱节便成为高校教学实践的独特"风景"。为避免传统教学实践过程中的不足，教学实施大纲制便是实现成果导向教育理念的直接、有效、可行的一种制度，并以此为据而建构起人才培养运行机制，从而实现学生学习成果的达成。

作为一份基本教学文件，课程实施大纲主要是为学生撰写的，由专业教学委员会审定通过的，因此，内容应是翔实、具体的，让学生清楚地了解该课程的目的、任务、要求、进度安排、评分标准等。

一般对课程实施大纲基本格式和组成部分以及包含的要素有一个统一的要求，包含课程名称和时间、清晰准确的课程进度、学习规范与自我管理技能三大类共 15 个左右基本要素，突出了师生共同参与、问题导向学习、自主学习、合作学习、网络远程学习、实践学习等特色，并编印成册发给每个学生。

教师在课程教学的第一次课时就课程实施大纲的内容向学生做讲解，进一步明确课程相关要求。在教学过程中，教师一般不得随意更改课程实施大纲所列出的教学内容和教学日程安排。否则，在学期结束时的课程评价中，教学组织或完成教学任务情况就可能难以得到积极的评价。教师每一轮授课结束以后，都要进行教学反思，并根据自己的研究和学术界的新进展，对课程实施大纲进行修订。

2. 课程实施大纲与教学质量评价

课程实施大纲之所以具有教学质量保障功能，是因为它既是约束师生教与学的规范，又是引导学生学习的指南，更是评价教师教学质量的基本依据。一是课程实施大纲作为教学合同，是师生双方必须遵守的契约，体现了教师和学生共同的权利与责任，对师生双方的行为起到了约束作用。二是课程实施大纲是学生学习指南，课程实施大纲会提供课程进度、授课时间、作业要求、课程资料等信息，学生可以根据这类信息合理分配学习时间，有助于培养学生的自主研究能力，提高学习效率。如果教师频繁地更改授课时间，就可能打乱学生的学习计划，影响学生学习效果，因此，教师一般不能随意更改课程安排。教师在课堂中传授的只是整个课程的一小部分，许多内容需要学生在课外通过自主研究得以掌握，因此，越详细的课程实施大纲，越能帮助学生达到学习目标。三是课程实施大纲是评价教师教学质量的基本依据。高校教师教学质量的评估一般由两部分构成，即同行评议和学生评估。课程实施大纲记录了教师授课的全部内容和整个过程。正因为课程实施大纲强大的信息量，它反映了教师的教学态度、教学理念、教学方法以及学术水平，同行或学校能从教师编写的大纲中判断教师的教学目标是否与学校目标相一致，从而有效评估教师的学术水平和课程质量。课程实施大纲将教学目标和需要采取的行为都清楚明了地告诉学生，学生能够依据它对教师的教学和自己学到的知识进行客观的比较和评价，是学生评教的参考依据。

3. 课程实施大纲与教师队伍建设

课程实施大纲的实施，关键在于教师。由于知识产权复合型、应用性人才培养的需要，教师需由法律、管理、经济等各个学科的教师组成，同时兼职教师的数量必须占一定比例，尤其是知识产权实务部门的专家学者，以来满足教学的多样性和实务性要求。

教师除了具有扎实的理论知识和较为深厚的专业学术功底之外，还需要针对学生的特点和学生职业化的场域，综合采用多种授课方式、考核评价方式来对学生的整体能力和技能进行培养。一般而言，教师需做到以下几点：①具有知识产权知识的实践经验和实际应用能力，能将知识产权基本理论和实际需求与运用相结合；②针对学生特点，并结合课程实施条件，在确保课程内容完整性的同时合理安排课程内容；③树立学生中心理念，能较为深入地探究学生的特点和职业规划与发展要求，因材施教；④具备教育教学基本理论知识和实际操作能力，能够运用多种教育手段与方法，培养学生正确的价值观和发现、分析、解决知识产权问题的能力；⑤积极探索和运用教学质量评价方式与标准，采用多种学习成果评价方式；⑥拥有教学激情和感染力，培养学生学习兴趣，不断激发学生自我学习的能力，运用相应的社会实践资源来强化学生实践技能的达成；⑦具有与时俱进的精神，能较为密切跟踪学科前沿、职业变化和接受新的教学手段，并运用于课程教学中；⑧具有较强的亲和力和人格魅力，不断提升学生的认同感，培养学生和教师之间的信任关系。

（二）基于成果导向的知识产权教育和实务部门人才交流机制

培养复合型、应用性的高素质知识产权专业人才，需要高校与知识产权实务部门的共同努力，需要构建一支"双师型"的教师队伍。根据教育部和中央政法委《关于实施卓越法律人才教育培养计划的若干意见》（教高〔2011〕10号）指出，探索建立高校与实务部门人员互聘制度，鼓励支持实务部门有较高理论水平和丰富实践经验的专家到高校任教，鼓励支持高校教师到实务部门挂职，努力建设一支专兼结合的法学师资队伍。知识产权是科学和技能，也是一种职业。知识产权职业是一门带有很强的技术性的行业，这个职业要求知识产权素养高和能力强，这在很大程度上依赖于教师的水平和言传身教。它要求我们的教育必须建立严谨细致、高效可行的职业训练体系，而这种职业训练对师资水平提出了非常高的要求。

然而，从目前地方工科院校知识产权高校师资队伍的整体来看，尚存在诸多问题：一是知识产权基础理论知识虽然较为扎实深厚，但是有关政治学、社会学、经济学、管理学等方面的知识欠缺，知识结构单一；二是从学校到学校，大量年轻教师毕业后直接上讲台授课，对知识产权的认识主要来自书本，有一定教龄的老教师也有很大一部分没有或很少参与具体知识产权实务，欠缺知识产权实践经验；三是即使做兼职律师的教师，由于角色和思维的限制，也很难从知识产权实务角度思考案件的运作；四是导向错乱，学校对教师的绩效考核办法过于倾向于科研和教学任务的完成等，使得教师无法关注知识产权教育教学方式的改革，更难以"浪费"宝贵的时间进行社会实习和调研，如此等等。客观上迫使我们需要一种制度来实现知识产权教师多途径获得实践经验、参与政企知识产权实务的需求，实现师资多元化，培养具有知识产权素养又兼具职业技能的适合社会需要的知识产权复合型人才[12]。

建立并切实实施知识产权教育和实务部门岗位人才交流机制，是知识产权教师多元化培养的主要途径，也是高校知识产权院系与实务部门双方的共赢。一方面，让法官、检察官、律师、专利与商标代理师、专利审查员、版权经纪人参加到知识产权教育中来，成为知识产权人才的培养者，弥补教师职业性特点较弱的不足；另一方面，法官、检察官、律师、专利与商标代理师、专利审查员、版权经纪人交流到高校，暂时脱离烦冗的实务工作，回过头来对知识产权实务进行反思、分析和理论思考，建立一种经验的理性，不但有助于其理论水平和实务操作水平的提升，而且对于学生的法律思维养成和实务技能训练也大有裨益。

知识产权教师深入实务部门从事实证研究，对于提升教师的研究能力有着十分重要的作用。一方面，知识产权教师交流到实务部门，可以克服其理念化的学术研究弊端，"说到学术传统，可以说社会科学的学术传统尤为缺乏，特别缺乏实证研究传统……我们目前有许多号称社会科学的科研成果其实太人文化、太哲学化，往往讨论一些抽象的理论、概念和命题……而没有实证研究，所谓的理论研究或创新就只能是空对空，只能是对概念的注释，只能是玩文字游戏"[13]。另一方面，由于知识产权教师本身的理论素养相对较高和研究能力相对较强，对于实务部门人员的执业能力的提升能起到促进作用，对于疑难、复杂、争议较大的案件的探讨解决也有着智力支持作用。

四川理工学院建立并切实实施知识产权学院和实务部门岗位人才交流机制，取得了较好效果。一是学校党委行政高度重视，列入学校"走内涵式发展道路、强化师资队伍建设"的主要内容，在多方面给予大力支持；二是学校与科知局、高新技术企业、知识产权中介机构等建立了全面、深入、系统的合作机制；三是根据教师的专业方向和研究领域，分别确定具体交流部门和交流时间（一般以一至二年为宜），并邀请和合理安排来自实务部门人员的兼职授课；四是教师到实务部门交流，除了完成实务部门安排的任务外，在酌情免除或减少工作量的要求下必须完成一定调研工作量，保障教师的平均福利待遇以及在本校的职称评定及其他晋升不受影响；五是定期开展人员交流合作信息回馈，这是双方的义务与责任，也是确保人才交流机制得以顺利实施的保障与监督促进，即在每一次人员交流的初期、中期和结束三个时段进行定期的信息反馈和不定期信息反馈相结合，所有派出人员都应向派出单位提供一份交流报告，详细地记录交流进程，阐述交流中的收获、发现的问题、对交流制度本身的看法，提出建议和意见供单位参考。同时双方部门定期举行座谈会，就交流制度的落实展开对话，发现不足，不断完善。

（三）综合开发知识产权学习资源，构建知识产权人才培养平台

作为一门具有高度实践性的知识产权学科，在秉承成果导向的教育理念下，综合开发知识产权学习资源，构建知识产权人才培养平台，具有十分重要的地位与作用。稳定的知识产权学习场所是保证复合型、应用性职业人才培养质量的基石。

一是依托校地、校企面向行业产业和面向区域发展的协同创新中心的信息技术共享平台，搭建共同培养知识产权人才机制。例如，以地方政府为主导，以切实服务区域经济和社会发展为重点而组建的区域发展协同创

新中心、新能源发展协同创新中心、阀门制造协同创新中心、彩灯文化协同创新中心等，学校建立了白酒酿造重点实验室、人工智能重点实验室、绿色催化重点实验室、新材料与防腐重点实验室、农产品加工重点实验室、彩灯创意与制作重点基地等创新平台，提供了知识产权人才培养实施条件，促进了知识产权人才能力的达成。

二是开发利用企事业单位的知识产权实务部门资源。这主要在知识产权管理和知识产权保护方面的实务运行。安排学生深入这些部门进行学习实践活动，可以对相关知识产权管理及其纠纷解决上具体运作有比较直接的体验，加强学生对知识产权职业的了解与认知。

三是知识产权实验实训。一方面有效利用课堂模拟性练习活动，在教师精心设置的各种虚拟场景与环节中让学生知识产权案件进行证据收集、谈判、辩论、调解或审理，从而学习训练处理具体知识产权解纷问题的技能；另一方面，利用模拟法庭和实验教学软件系统进行模拟训练。学生自主对知识产权实务知识进行求证、判断、归纳、筛选和建构，对知识产权实务问题进行分析，形成相关的文书，从而使学生熟悉运用和加深认知知识产权程序与实体知识，消除学生的好奇与"恐惧"，逐渐训练学生成为熟练的"汽车驾驶员"。

结语

在面对国际国内新常态的今天，知识产权问题是一个国际化话题，知识产权竞争是国际竞争的核心力量，知识产权水平的高低是国家实力强弱的名片，自主知识产权是企业生存发展的核心竞争力，这都有赖于科技和知识产权人才队伍的有力支撑。探寻一种先进的、科学的而又"接地气"的知识产权人才培养理念并运用于实践，是教育工作者深化教育改革、培养复合型应用性高素质知识产权人才义不容辞的责任。成果导向教育理念开启了知识产权人才培养的新思路，以知识产权专业学生将来欲从事的知识产权职业所需要之素养和能力来反向设计教育教学方案与运行机制，并充分调动和综合挖掘利用政、产、学、研资源，以强化学生知识产权职业能力训练与达成，无疑为知识产权人才的培养提供了十分重要的借鉴与参考。

参考文献

[1] 中国教育科学研究院课题组. 未来五年我国教育改革发展预测分析[J]. 教育研究，2015(5):20-22.

[2] Spady William G. Outcome-based Education, Critical Issues and Answers. Arlington, American Association of School Administrators, 1994.

[3] 徐联恩, 林叨吟. 成果导向教育(OBE)的教育改革及其在美国实践的经验[J]. 教育政策论坛, 2005, 8(2):55-74.

[4] 单晓光, 李伟. 知识产权专门人才培养的思考与经验. 见:载陶鑫. 中国知识产权人才培养研究(第二辑). 上海:上海大学出版社, 2010:128.

[5] 国家知识产权局人事司课题组. 知识产权人才培养基地建设研究报告, 2011.

[6] 刘鸿锋. 中国知识产权高等教育论[M]. 北京:知识产权出版社, 2010:215-217.

[7] 崔静思. 我国企业对知识产权人才需求激增[N]. 中国知识产权报, 2011-4-27.

[8] 陶鑫良, 袁真富, 刘洋, 等. 我国知识产权人才需求与培养初步调查[M]//中国知识产权人才培养研究. 上海:上海大学出版社, 2006:111.

[9] 马金晶. 成果导向教育博士课程发展研究——以教育领导与管理专业为例[D]. 重庆:西南大学, 2012.

[10] 施良方. 课程理论——课程的基础原理和问题[M]. 北京:教育科学出版社, 2000:129.

[11] 李坤崇. 成果导向教育的大学课程研究[J]. 教育研究月刊, 2009(181):100.

[12] 张敏. 法学教育和法律实务部门人才交流制度建立的探索[J]. 经济与社会发展, 2011(4):119-121.

[13] 苏力. 也许正在发生:转型中国的法学[M]. 北京:法律出版社, 2004:225.

法学课程考试模式探索①

杨　帆

摘　要：目前，我校法学课程考试模式依然沿袭传统的单向度考试模式，显然已不能适应教育改革、人才市场需求以及文化多元的新形势，其弊端是不利于对学生的学习积极性、学术意识、创新思想、科学学习方法的培养和学生学习成绩的评价。应打破传统的考试观念，确立为教学目标服务的考试观，寻求符合时代要求、适应学生特点、适合课程需要的多种类多层次的考试模式。

关键词：课程；考试模式；改革

面对高等教育新的教育理念、学习观念和大学生就业择业形势，目前的高等教育从宏观的办学体制到内部各种管理机制都呈现出一派改革的势头，尤其是对教学改革的呼声更是此起彼伏。目前，我校的法学课程考试依然沿袭传统的单向度考试模式，这种"传统的大学教学强调来自外源——教师——的终结性评价（即以划分等级为目的的评价）"[1]，以"一张书面考卷定终身"的形式，显然已不能适应教育改革、人才市场需求以及科学发展观的新形势。其弊端是不利于学生的学习积极性、学术意识、创新思想、科学学习方法的培养和学生学习成绩的评价。因此，应打破传统的考试观念，确立为教学目标服务的考试观，寻求符合时代要求、适应

---

① 本文曾发表于《地方高校教学改革与教学研究探索》（西南交通大学出版社，2009 年）。

学生特点、适合课程需要的多种类多层次的考评方式。

一、对现行法学考试模式分析

长期以来，法学的考试主要是采用传统的闭卷笔试模式，由教师给出分数作为终结性评价，学生在这门课程上学习的好坏、学问的深浅就由此获得了一个永久性的结论。这不仅削弱了考试在教学中的地位和作用，而且不利于教学改革诸内容的实施和顺利进行。具体来看，现行的考试制度存在以下问题。

（一）考试目的方面的弊端

注重理论知识传授、灌输及应试技巧训练而忽视实践能力培养，考试实质上就演变成考核学生知识点尤其是重点、难点知识的掌握程度的手段。考试的目的不是为了提高学生的综合能力，而仅仅是为了达到一个高分目标。考试目的被转变成考核学生记忆知识的数量及逻辑归纳推理能力。对教师而言，考试目的是证明传授知识的好坏。对学生而言，考试目的是为了求得一个高分以证明获得现成知识的多少，考试目的趋于形式化，过分夸大分数的价值功能，以考核知识的积累、记忆为目标，静态考核，简单判断。

（二）考试内容方面的弊端

考试内容过于重视书本知识、记忆性知识和共性知识，忽视对学生应用能力、科学思维和创新能力等方面的考核。现行的考试内容离不开教师平时所讲授的内容，具有思考意义的内容较少，考试中记忆成分所占比重较大，善于记忆和努力记忆的学生获得高分，这鼓励了机械记忆。

（三）考试方式方面的弊端

考试方式较为单一，未能充分利用诸如开卷、测验、口试、讨论、报告等多种考核手段。闭卷多、开卷少；笔试多、答辩及口试少；理论考试多、实践考试少；统一考试多、因材施考少；一次测试定结论的终结性考试多、数次考核综合评价的形成性考试少，这使得能力性考核的内容受到限制，限制了学生创造思维和动手能力的培养，这尤其不利于法学专业性课程和前沿性课程的考核。

（四） 成绩评定方面的弊端

教师把过多的精力放在阅卷、判分上，忽略了十分重要的试卷分析和反馈工作。成绩评定标准单一化，命题人往往对分数寄予过高的判断功能，标准答案式的评卷方法，使学生在答卷时不敢越雷池一步，创新思维受到束缚，影响学生的求异思维和个性发展。考试模式存在着灵活性差、积极性差、培养学生"投机取巧"的能力、不公平、缺乏挑战性等弊端。

二、对法学考试模式改革的思考

考试是检查教学和学习效果、改进教学工作和督促学校教育目标实现的重要手段，"它具有手段和方法的性质，运用得当，它可以发挥多方面的积极作用"[2]。对于学校来说，考试永远都是必需和必要的。因此，我们有必要认真思考以上问题，讨论如何建构科学的考试评价体系，改革考试的形式和方法。

笔者认为只有通过改革传统的考核方式，重新设计各考核的项目内容和考核方式，通过考核，检验学生对法学专业知识的掌握程度，这样才能切实提高法学学生的专业知识灵活运用于实践的能力。对此，应注重思考以下几个方面的问题：

（1） 打破传统的考试观念，确立为教学目标服务的考试观。著名教育家布卢姆就传统的考试模式曾指出：传统教学的考试模式是"赛马模式"，这种模式的主要目的是识别跑得最快的马；教育不是一场赛跑，而是应该帮助学生达到课程目标；重要的是实现目标而不是比较学生，教学设计和考试方法实际上应能促使每个年轻人都能完成学业[3]。对此，应该帮助学生达到课程目标，教学设计和考试方法应能提高学生逻辑分析能力以及创造性思维的能力。

（2）创新现有的考试模式，寻求符合时代要求、适应学生特点的多种多样多层次的考试方式。根据学校不同的发展方向、发展目标和发展模式，采取不同的考评方式。

（3）重新界定教师在教学和考试中的地位。在这一环节中教师要制定严密的课程指导计划，根据课程设置目标，组织教学内容、选择评价教与学的考试方式，注重教学设计的弹性和师生的双向互动，使考试方式具有灵活性和层次感，答案预置具有多样性和合理性。

（4）重视对考试内容和评价体系的研究。刘芃在《论考试内容》一文中指出："在构成考试现象的诸多因素中，考试内容是决定考试的可信度和有效性程度即考试属性和社会作用的主要因素。"[4]因此，考试既要考核学生掌握本学科基本知识的情况，又要考核学生创造性思维和可能获得的发展能力情况。

（5）考试后及时总结、反馈，以利教学改进和提高。通过考试后的总结、反馈，对研究考试内容、考试模式的得失，对教师教学内容的重组、改变，对处理好教材内容与教师更新补充内容之间的关系、协调好本课程与相关课程之间的关系、调配好教学内容上的合理性与教学技术上的先进性之间的关系以及处理好教学方法的适应性与掌握知识提高应用技能之间的关系。

三、对法学考试模式改革的思路

针对上述法学考试模式改革的思考，我们需要在设计法学考核的项目内容和考核方式中解决如下关键问题。

（1）在考试内容上不应仅仅局限于课堂教学内容的重复，也应把教师指定的参考书等自学内容列入考试范围。考试内容应在教学大纲的指导下而不是限定下进行选择，体现考试内容的层次和难易。

（2）在考试方式上采取笔试、实践相结合，开卷、闭卷相结合。应突出对学生分析、综合、写作能力的考核，形成多元化的考试方式。

（3）在成绩评定方面增加平时成绩占课程总成绩的比例，注重学生的知识的应用性和实际分析能力的考核，考察学生综合素质。

（4）在题型方面的以考核能力型试题代替考核记忆型试题。对传统试题题型中的名词解释、简答、填空及直接记忆型的试题应减少，增加案例分析、法学理论运用等考核学生的知识应用性和实际分析能力试题题型。

（5）考后重视考试质量分析。教师应把考试结果与具体教学要求进行对照，分析该门课程考试成绩的分布状态及学生认知、领会和掌握的情况，进一步分析存在的问题，并提出切实可行的改进措施。

对法学考试模式改革的具体思路：根据法学专业人才培养的基本要求，将考试体系分为两个层次，第一层次为课程知识的考核。可将考试内容分为两大部分，第一部分为考核课堂教学内容；第二部分为考核教师指定的参考书等自学内容。第一部分的考核内容为闭卷，试题为一系列灵活多变的问答题，以基本覆盖课程基础知识点为依据。第二部分的考核内容为开卷，由学生自找答案，考核学生的综合能力。第二层次为法律实践能力的考核。由教师布置总体要求，学生自行组成实践小组，针对具体问题写出法律实践报告方案，教师根据完成质量评定成绩。教师也可根据需要，利用模拟法庭设施，让学生按照法官、检察官、辩护律师的身份去亲自参与司法活动，教师考察学生在此司法活动中综合素质。

总之，对法学课程传统的考试模式必须大力进行改革，需要关注、研究的相关问题很多，困难也会很大。但处于新的时代变革和新的教育理念、人才培养格局之下，传统的考试模式必然会受到质疑和挑战，为了适应时代变化，法学考试模式改革势在必行。

参考文献

［1］［美国］埃德温·M.布里奇斯.菲利普·海林杰.以问题为本的学习在领导发展中的运用［M］.上海：上海教育出版社,2002(12).

［2］朱小蔓.教育的问题与挑战［M］.南京：南京师范大学出版社,2000.

［3］埃利奥特·W.艾斯纳,本杰明·布卢姆［J］.教育展望.国际比较教育季刊,2001.

［4］刘梵.论考试内容［J］.新华文摘.2003(4).

四川理工学院法学专业校外实践实证研究

王玉珏①

摘　要：依托"法学专业校外实践教学改革项目"，课题组成员通过问卷调查、访谈、座谈、阅读学生撰写的实践报告等方式，较为全面深入地把握了学生、实践单位和法学院教师在学生基地实践中的基本情况，在此基础上，提出了进一步提升基地人才培养效果的思路和建议。

关键词：四川理工学院；校外实践；法学专业；实证研究

四川理工学院定位为应用型综合性大学，应用性是法学专业的本质属性之一。通过法学校外实践基地建设，让法学专业学生进入基地学习，已经成为其贯彻人才培养定位、契合专业特性、实效提高法律人才培养质量的重要路径和必然选择。2012年，教育部专门发布《关于开展"本科教学工程"大学生校外实践教育基地建设工作的通知》（教高函［2012］7号）（以下简称《通知》），成为高校开展基地建设的指导性文件，值得关注的是，在《通知》中将项目类别区分为文科实践教育基地、理科实践教育基地、工程实践教育中心、农科教合作人才培养基地、法学教育实践基地、临床技能综合培训中心和药学实践教育基地等类别。法学教育实践基地的单列，与文科实践教育基地的并列，体现出对法学实践教育的重视，更是

---

①　作者简介：王玉珏（1977—），男，汉族，四川南江人，副教授，博士，研究方向：高校实践教学。

对法学应用性属性的深切关照。

2014 年 6 月，"法学专业校外实践基地教学改革项目"在四川理工学院校内立项。以此为契机，我们认真梳理、深入思考和把握法学校外基地发展的情况。本课题组认为，要做好该项目，前提在于对校外实践的基本情况进行全面、准确和深入的把捉。通过分析，我们认为法学专业校外基地实践以法学专业学生、实践单位、法学院教师为主体，弄清三者对校外实践的基本认知，就能很好地把握校外实践的真实情况。为此，2014 年 6 月到 2015 年 4 月，课题组成员通过问卷调查、访谈、座谈、阅读学生撰写的实践报告等方式，对三大主体进行调研。

一、调研基本情况

（一）法学专业学生

对学生情况的了解，主要通过问卷调查和实践报告的方式进行。课题组编制了《法学专业校外实践问卷调查表》，以四川理工学院法学院法学专业学生二至四年级为调研对象。2013 年 6-7 月，共计发放问卷调查 180 份，其中，每个年级发放 60 份，收回有效问卷 151 份。目前，法学院法学专业每个年级约有 120 名学生，因此，本次调查覆盖率高达 50% 左右，调查结果能够反映法学专业学生对校外基地实践的基本认知。

1. 问卷调查情况

（1）在思想上重视校外实践。

在回答"作为在校法学专业的大学生，你认为理论学习与校外实践的关系是什么"时，高达 83% 的同学认为"理论学习与实践锻炼相互补充，共同提升自己的能力和素质"，只有 3.8% 的同学认为"理论学习最重要，校外实践可有可无"。还有 13.2% 的同学认为"校外实践最重要，理论学习也不可少"。可见，绝大部分法学专业学生认识到，法学是一门应用性学科，对法律实践运行的把握是非常重要的，同时，同学们认识到，单纯地学习和掌握法学理论并不能胜任实际的法律业务工作。在"如果你是大四的同学，请回答本题，通过在校理论学习和实践学习，你认为现在你能胜任某一具体的法律业务工作吗"一问中，43.2%的同学认为"不能完全胜任，需要到具体岗位上锻炼学习"，23.3%的同学认为"不能胜任，对法律业务工作太陌生"。这表明，到实际工作岗位上实践锻炼已经成为学生能否在毕业后迅速胜任就业岗位的重要条件。从学生对这两个问题的回答显示，法学专业学生已经充分认识到实践锻炼是非常重要的，在一定程度上摆脱了大学学习就是学习法律理论的传统陈旧认识，这为开展校外实践奠定了良好的学生思想基础。

（2）校外实践基地是最主要和认可的实践途径和方式。

在回答"你认为下列哪种校外实践形式可能对你帮助最大"时，73.1%的同学选择"到实习基地实习"，8.1%的同学选择"校外普法宣传"，3.3%的同学选择"校外法律援助"，15.5%的同学选择"社会调查"。在法学专业学生校外实践的实际工作中主要采用了上述四种形式，大部分同学认可校外实践基地这种实践形式。这启示我们，做好校外实践工作，重点就是要做好校外实践基地的各项工作。

（3）对校外实践单位的期望主要集中在公检法和律所。

在回答"到校外实践基地实习中，你最愿意去的实践单位是哪些"时，选择"法院"的占21.7%，选择"检察院"的占23.2%，选择"公安局"的占21.6%，选择"律师事务所"的占18.5%，选择"党政部门中与法律有关的部门"的占11.3%，选择"企事业单位中与法律有关的部门"的占3.7%。法学专业学生的选择表明：传统的法律实务部门，即公检法系统和律所是学生实践的理想选择，学生对这些部门的选择呈现平衡态势。这启示我们，在法学专业校外实践基地建设中，要与这些实务部门密切合作，共建实践基地。

（4）校外实践对学生理论学习与能力提高具有积极的促进作用。

在回答"如果你到四川理工学院法学院校外实践基地进行过实践，下列哪一选项属于你最大的收获"时，31.3%的同学认为"自己的法律理论严重不足，必须加强在校理论学习"，56.2%的同学认识到"法律重在应用，理论必须与实践相结合"，12.5%的同学认为"做好法律工作，仅懂法律是不够的"。这说明，通过到法律实务部门实践，学生认识到自己在校法律理论学习不够，逆向推动学生进行理论学习；法律重在运用，要实践和理论相结合成为大多数学生的认识，表明了到实务部门实践的重要性。学生对这些选项的认同，表明校外实践对学生理论学习与法律实务能力的提高具有积极的促进作用。

（5）学生被动接受实践安排，校外实践的主动性不够。

在回答"在学校统一组织的实践之外，你自己是否在寒暑假期间主动联系单位进行实践"时，学生选择情况是：11.6%的同学选择"是，但很少"，7.2%的同学选择"是，充分利用寒暑假实践"，高达81.2%的同学选择"没有"。我们认为，学生校外实践可以分为教学计划内实践和学生自主实践，其中，寒暑假是学生实践的良好时间阶段，时间具有连续性和长期性特点，受制于客观情况，现阶段不方便由学院组织学生实践。学生的回答表明这一良好的实践时间被浪费了，也说明学生虽然在思想上重视校外实践，但主要依赖学校的组织，被动接受实践安排。如何有效利用寒暑假实践进行实践，是做好校外基地实践工作中值得研究的问题。

（6）学生在校外实践中遇到各种困难，表明现有实践模式须待改进。

在回答"如果你到四川理工学院法学院校外实践基地进行过实践，下列哪一选项属于你遇到的最大困难"时，12.6%的同学选择"实践基地指导老师不重视，对自己基本不指导"，14.8%的同学选择"自己的法律理论知识不够，不能胜任实际工作"，17.5%的同学选择"学校学到的法律理论与法律实际运用脱节太大"，45.6%的同学选择"实践时间太短，收获不大"，9.5%的同学选择"其他"。前四个选项是我们认为在目前的校外实践基地实践中学生面临的主要困难，90%以上的同学选择这四个选项表明我们对学生面临的困难的把握是比较准确的。但是高达45.6%的同学，即近一半的同学认为"实践时间太短，收获不大"，这出乎我们的预料，这表明，实践时间成为制约学生实践取得良好效果的关键因素，这就需要我们对现有实践模式进行改革。

（7）学生对现有校外实践认可度不够高。

本次问卷设置两个题目考查学生对校外实践的总体看法。一是从学生实践的实际效果方面，即"如果你到四川理工学院法学院校外实践基地进行过实践，你认为这些实践效果如何"时，学生选择情况是：31.3%认为"有一定效果"，27.5%认为"效果很好"，21.3%认为"基本没有效果"，还有19.9%认为"完全是浪费时间"。二是从学生对学院组织安排教学实践的角度进行调查，即"你对法学院领导组织法学专业校外实践总体看法是什么"时，32.3%选择"很好，积极宣传和组织学生进行实践"，选择"一般，实践宣传和安排不够"的达47.5%，选择"较差，实践方式单一，效果不好"的占20.2%。可见，学生对现有校外实践的认可度是不够的。客观来看，这与学生个体有密切关系，但毋庸讳言的是，法学院现行校外实践处于发展和探索阶段，在实践内容、模式等方面还不能满足学生需要，尤其是个性化的需要得不到满足是导致实践差强人意的关键因素，这也启示我们必须进一步加强实践教学改革。

2. 学生实践报告

目前，法学专业开展了多种形式的校外实践活动，本课题组研究的主体集中在专业实习和毕业实习，即第四学期三周的专业实习和第八学期六周的毕业实习。从学生实习报告来看，专业实习时，由于学生尚处于对法律理论学习中途，实践报告内容主要体现出对法律运用的感知。而毕业实习，学生在校法律理论学习已经完成，面临毕业压力，实践的心态和行动发生变化。学生在校外实践基地的实习中，相当一部分同学实习效果较好。现选取一份二年级学生专业实习报告来体现学生实践情况。

该同学在自贡市中级人民法院实习，具体部门是审判监督庭，所做的主要工作是整理卷宗、扫描、补齐卷宗、旁听案件、写一些法律文书。通过实习，他"在整理卷宗过程中，对再审案件从决定再审到审结的程序，各种文书的归档与分类有了详细的了解"。"对案件的审判过程也有了一个具体了解，其包括四个阶段：庭审前准备、法庭调查（两个内容：当事人陈述、出示证据和质证）、法庭辩论、案件评议和宣告判决。"他尝试写了判决书，"没想到看起来容易，做起来却很是麻烦，在不断的摸索过程中，我对判决书的写法有了一定的了解。一份判决书的内容主要有以下内容组成：标题、编号、诉讼参与人的基本情况、案件由来、审理经过、事实与理由、判决、所附法律条文等内容。在判决书中要列明双方当事人的诉讼请求，从中找出案件的争议焦点，并在'本院认为'部分依据所适用的法律进行论证分析，为案件的判决提供法理上的依据。初涉判决书的写作，首先就要核对当事人的基本信息，当事人、委托代理人、法定代表人等的基本情况根据案卷中的材料准确录入。这虽是一个简单的步骤但却涉及主体是否正确，需要仔细审核认真完成。其次，要明确案件由来和经过，是否适用简易程序，是由法官独任审理还是组成合议庭审理，双方当事人是否出席庭审。对当事人的诉辩，要充分了解当事人的诉讼请求并用简明语言予以概括，使得判决书中出现的双方诉讼请求能够一目了然，便于找出争议焦点。司法实践中，当事人对于自己的诉讼请求往往难以明确表述，很多当事人并没有请律师，法律专业知识有限，很难明确表述自己的诉求，这就需要在庭审笔录以及判决书中运用法律思维理清逻辑顺序，对当事人的诉请用法律语言表述清楚。判决书中的'本院认为'部分是核心内容，也是一份判决书的重中之重。每一案件就查明、认定的事实适用法律进行裁判都存在一个说理的过程，在判决书写作中主要反映在'本院认为'部分。当法律和具体案件事实已经详细罗列之后，就要通过'本院认为'进行论证，对所涉法律事实用文字进行组织，理清法律关系，对缘何适用某一具体法律规则进行论证。'本院认为'部分是否论述得当，是判断一份判决书质量高低最重要的标准。"

他在实习感悟中写道："不得不感叹时间过得太快，一个多月的实习生活在不经意间就从指缝中悄然溜走了，但在自贡市中院审监庭实习中我得到的东西很多很多。我实实在在地感受到了法院的神圣职责，尽管我接触的东西不是很多，但我却真正了解了审判工作的严谨。实习虽然已经结束，但不管以后我是否从事审判工作，这期间的实习所得都将是我人生中不可多得的财富。同时我也明白，要踏踏实实做人，堂堂正正做事，并且，只要认真肯干、虚心好学，就没有做不好的事。"

还有同学在报告中指出了实习存在的问题，有同学这样写道："（1）实习单位普遍反映，实习时间较短，在一定程度上影响了学生的实习效果。法院的办理周期少则几个月，多则半年甚至一年。因此学生在实习过程中经常不能完整地体验一个案件的办案过程，影响了实习效果。考虑到法学专业学生对实践能力的特殊要求，应适当延长实习时间，以达到更好的实习效果。（2）实习单位的个别科（庭）室，在对学生的工作安排过程中，出于自己的工作需要，安排学生整理案卷等'打杂'性质的工作，使学生的实习积极性受到一定影响。"

从学生的实习报告分析，如果学生在毕业实习期间认真实习，实习效果是良好的，我们所期望达到的实习效果也能很好地实现。但问题在于，在毕业实习期间，相当一部分同学忙于公务员考试、就业面试等，没有将全部精力放在实习上，使得实践效果大打折扣。

（二）校外实践单位

法学院校外实践单位以自贡市人民检察院和自贡市中级人民法院为主，因此，课题组对实践单位的调研以这两个单位为调研对象。调研方式主要是访谈。

2013年10月11日和16日，课题组到自贡市人民检察院和自贡市中级人民法院进行调研，主要访谈对象为检察院研究室主任和法院政研室主任，两位主任代表实践单位具体负责学生实践工作。就和两位主任交谈的情况来看，学生在这两个单位的实习情况具有高度的相似性。学生实习呈现明显的个体差异，他们认为实习效果取决于学生个体，凡是踏实认真实习的效果都很好，反之则较差，这种比例他们概算大致是各占50%。从实践单位来看，他们认为存在的主要问题在于：学生实习实践时间短，缺乏延续性；学生管理角色尴尬，有难度，如一些学生不来实习也不主动请假，询问时学生说学校有事，也就不方便再管理了，有时学生在实习中出现问题，直接管理时个别学生有情绪，也就不想管理了；作为实践单位，他们对学生实践安全也很担忧，如果学生在实践期间，不到单位，外出出现安全问题他们也是难辞其咎；一些同学不能很好地将理论与实践相融合，不了解司法实践，在实践中，片面机械地对照理论，甚至和指导老师产生矛盾；还有极个别的学生过于骄傲，认为实践就是直接参与法律案件过程，对于做文字处理、档案管理等工作不屑一顾，认为这是打杂，这样的心态容易产生矛盾。

对此，他们建议：学校在安排组织学生实践时，要向学生宣讲实践情况，特别强调实习纪律，不要让实践指导老师在学生管理上花费太多精力和时间。

（三）法学院教师情况

法学院实行导师制，将学生实践和导师制密切联系，学生导师也是实践指导老师，同时，以教研室为单位，由教研室具体组织落实学生实践。课题组主要通过座谈会和个别访谈的方式进行调研。

在和老师的个别访谈中，我们发现存在一个重要问题：老师对学生校外实践普遍不重视，认为这是按照教学计划，由教研室安排，是学生自己的事情。在访谈的8人中，只有3人曾经主动联系学生，了解学生的实践情况。

在和法学教研室主任的谈话中，他认为目前法学专业学生人数太多，实习安排不易做到满足学生个性化要求。同时，实习面临经费使用等具体困难，也不好调动老师的积极性。

我们利用法学教研室教研活动之机，请老师们就法学专业校外实践发表自己的看法。有的老师认为，学生应该以理论学习为主，理论不扎实，空谈实践会对学生有害。有的老师反映学生在外地实践，自己有教学任务，也不方便去实地了解，个别学生到外地实践后，打电话联系也不接。实践考核不易落到实处，主要通过学生实践报告来体现，实践成绩好坏变相成为实践报告撰写的好坏，这是不严谨的。

二、调研结论

从本次调研情况来看，法学专业校外实践面临的情况不容乐观，从某种原因上讲，实践效果取决于学生个体，实践单位和法学院发挥的作用不够突出，实践效果还有较大的提升空间。针对调研中发现的问题，提出如下改进建议。

（1）要做好学生实践动员和宣传工作。例如，应要求教师在理论教学中宣讲法律的应用性和实践性，不断提醒学生重视实践学习。在学生到实践单位实践之前，要安排实践效果好的学生和有丰富实践经验的老师为学生介绍实践的实际情况，让学生对即将面临的实践内容和目的有一个具体明确的认知，可以避免实习的盲目性，增强实践的目的性和针对性。

（2）在安排学生实践时要尽量满足学生个性化要求。可以在安排学生实践前进行摸底，提供实习单位名单，介绍各实习单位的具体情况，由学生自己选择实践单位，在此基础上安排学生实践。

（3）要做好学生实践的管理和监控体系。学生在实践前，要特别学习和强调实习纪律，在实践中，要通过打电话、实地访查等方式抽查学生是否在岗。实践要实行否决制，如学生1/3时间不在岗，实践成绩为不及格，进行补修。现在法学专业尚未出现实习不及格的现象，因此，学生认为实习不存在不过关的问题，无形中降低对实习的重视程度。在学生管理上，要充分发挥学生的自主性，可以在同一单位实践的学生中选拔学生担任组长，每位参与实践的同学每天通过短信的方式向校内实践指导老师和组长汇报是否在岗实践，这既保障学生实际参与实践，同时也了解了学生的动向，保障了学生的实践安全。同时，学生实践成绩的考核可以沿用现有考核方式，但要将学生实践日志撰写进行细化，要求学生对每天的实习进行详细的记载，具体做了什么事情，在最后的报告中，所有的实习体会和收获必须以具体的工作和事例做支撑，不能泛泛而谈。

（4）要从思想上提高校内实践指导老师对学生实践的重视和认可度，在行动上将指导落在实处。一是要有计划地安排没有在司法实务部门工作经历的老师到实践单位锻炼，要他们感受到实践锻炼的必要性，要做到每一位老师都有在法律实务部门工作的经历。二是要将校内实践指导老师的实践指导落到实处，如可以要求老师做好对每一位同学的实践指导记录，最终形成翔实的指导报告。

（5）增加学生实践的时间长度，尤其是要充分利用寒暑假的时间，要重视第六学期后的暑假。此时，学生已完成大部分理论学习，具有较好的实践基础，还未进入就业的高峰时节，学生具有良好的实践条件，如果能够在第六学期后的暑假进行六周左右的实践，本课题组认为其效果比毕业实习更好。

（6）要通过各种方式和实践单位建立平等互惠的合作关系，在实践单位建立相对固定的实践指导老师队伍。在调研中，我们发现实践单位指导老师也存在对学生指导不够的问题，要解决这一问题，关键在于要让实践单位和指导老师切实地认识到和法学院合作的作用与价值。目前，四川理工学院通过课题合作等方式，为法院和检察院等单位作出了积极的贡献，他们对我院的认可度较高，这是我院为学生实践奠定的良好基础。四川理工学院法学院应该进一步加强合作，在实践单位遴选一批责任心强、业务水平高、愿意指导学生实践的骨干组成相对固定的实践指导老师，这是做好学生实践的重要环节。

对高校①治理法治化的思考

吴 斌

摘 要： 高校治理法治化是高校在市场经济视域下和法治中国建设方略引领下自身理性发展的需要，是高校应对所承载的外部学术力量、政府力量、市场力量和司法力量的必然抉择，同时也是协调政府、市场与高校三者之间关系的平衡力量。但现有高校治理结构及其运行机制对法治高校建设造成了诸多障碍，通过规范内外部权力（权利）与职责（义务）的对应关系，重构政府管理权力与高校办学自主权及其内部法人治理是高校治理法治化的关键。

关键词： 高校治理；高校法治；高校治理法治化

在党的十八届三中全会提出的"完善和发展中国特色社会主义制度，推进国家治理体系和治理能力现代化"的全面深化改革总目标下，如何深化高等教育改革、推进高校治理体系和治理能力现代化建设是我们必须深入思考并践行的重要课题。

《国家中长期教育改革和发展规划纲要（2010—2020 年）》指出，到

---

① 从《现代汉语词典》的解释来看，高校范畴大于大学。高校即高等院校，包括大学、专门学院和高等专科学校。高等院校对应于初等学校、中等学校而处于教育系统的最高层次；大学是实施高等教育的学校的一种，在我国一般指综合性大学，与大学对应的层级序列分别为小学、中学。故而本文取作为政府主导的在教育系统中居于最高层级的组织——高校这一称谓，也是本文定位于公立高校之所在。参见《现代汉语词典》，商务印书馆 1996 年版。

2020 年，"建成一批国际知名、有特色、高水平的高等学校，若干所大学达到或接近世界一流大学水平，高等教育国际竞争力显著增强"。这提出了高等教育竞争问题。竞争是提高高等教育质量的内在动力和力量源泉。而高等教育竞争，实质上是高校之间的竞争。高校之间的核心竞争力在于高校治理结构的优化和治理能力的现代化，而高校治理结构的优化和治理能力的现代化的支撑在于制度，制度的制定与完善是促使高校科学发展的文化软实力。教育治理要现代化，首先要制度化、规范化和程序化。制度建设中，法制建设是其题中应有之义。因为法治中国作为治国理政的方略，自然指导和规定着高校治理的法治化方向。"法治"是一个内含民主、自由、平等、人权、理性、文明、正义、效益等诸社会价值的综合理念和价值追求。高校治理的法治化，是以理论维度展开的命题，区别于"依法治校"（"依法治校"易导致工具化倾向）这一实践性命题，就是通过法治途径实现高校治理，促进高校在高等教育市场的有序竞争和可持续发展，进而突显高校的功能和提升高校的市场化竞争力。高校治理法治化，既是高校在市场经济视域下和法治中国建设方略引领下自身理性发展的需要，也是高校应对所承载的外部学术力量、政府力量、市场力量和司法力量的必然抉择，还是协调政府、市场与高校三者之间关系的平衡力量。

一、解析：高校治理法治化概念

（一）高校治理

"治理"在英语中的原意是控制、引导和操纵。学界对治理的认识至今未达成完全一致。联合国全球治理委员会的定义具有很大的代表性和权威性：治理是各种公共的或私人的个人和机构管理其共同事务的诸多方式的总和，它是使相互冲突的或不同的利益得以调和并且采取联合行动的持续过程，既包括有权迫使人们服从的正式制度和规则，也包括人们同意或认为符合其利益的各种非正式的制度安排。它有四个特征：治理不是一整套规则，也不是一种活动，而是一个过程；治理过程的基础不是控制，而是协调；治理既涉及公共部门，也包括私人部门；治理不是一种正式的制度，而是持续的互动[1]。中国高等教育学会会长瞿振元在教育领域方面对治理的定义具有代表性："治理是指在社会主义市场经济体制下，市场在资源配置中起决定作用的条件下，多元利益主体围绕共同的目标协调与互动的过程。可以说，随着市场经济中行为主体的多元化、利益主体的多元化，政府与民众、社会、企业、学校的关系也应是平等的、双向的、互动的、协同的。"[2]因而，可以说，"治理"是指市场在资源配置中起决定作用的条件下多元利益主体围绕共同的目标协调与互动的过程。

鉴于此，我们认为，高校治理是教育管理的一种高级形态，是指为实现高校目标与功能，政府、社会和高校多方参与的权责划分及其在运作过程中相互关系的制度安排，以建立政府、社会、市场、高校等多元利益主体共同参与的体制与机制。其核心问题是高校决策权力的分配。据此，高校治理的特征体现在：一是治理主体多元化，包括中央高等教育行政部门、地方高等教育部门、社会中介组织、市场组织、地方政府、高等教育消费者以及高校管理人员和教师共同参与，共同推进高校的发展。二是治理机制复合化，高校治理通过人性化的机制激励，充分调动政府、社会和高校等多元利益主体的力量，建构权力与权利制衡、权责分明、运转高效的机制，以促进高校的不断发展。三是治理手段多样化，综合运用经济、行政、法律、咨询、评价等多种手段和与企事业单位及其他机构之间的合作与协商，构建高校更加灵活的治理方式。四是治理结构扁平化，高校治理主体参与多元化和权力分配与制衡化，型构了一种非集中化和扁平化的高校治理结构，有利于提高高校决策与运转的科学化和民主化。

高校作为一个典型组织，有别于政府、企业和社会组织，其特别之处在于承载着复杂功能而又有着特有文化组织氛围及其运作模式，自然有其治理体系上鲜明而复杂的设计与型构。

首先，高校的职能影响着高校的治理结构及其运作模式。一般而言，高校承载着人才培养、传承文化的职能，则以学术权力治理的为主；高校承载着科学研究、发展科学的职能，则以国家权力本位的治理为主；高校承载着人才培养、科学研究、服务社会的职能，则以学术权力和经济权力的治理为主；高校承载着人才培养、科学研究、传承文化和服务社会的职能，则呈现出复杂的治理模式。总之，随着高校职能的变化，呈现出从学术权力治理向国家权力治理再向社会权力治理的转变，最后转向多元治理的格局。

其次，高校治理的核心是权力结构，主要表现为四种治理模式：一是学术权力治理模式，教授拥有较大的权力，而行政领导权力有限，以欧洲大陆为代表；二是行政权力治理模式，学校行政领导权力较大，院系行政领导却兼具有限的行政权力与学术权力，以美国为代表；三是学术权力与行政权力相结合的治理模式，学术委员会控制着学术权力，彰显学术自由权，政府的行政调控权对高校学术权力施加极大影响，以英国为代表；四是党委领导下的校长负责制治理模式，构建以校长为核心的行政权力组织结构和运作体系的校内权力治理，以及外部政府公权力的治理，以中国为代表。

再次，高校事务治理，通过各种手段管理高校教育教学、科学研究、文化建设和社会事务，以及人、财、物和经营活动的治理，确保各利益主体合法权益的实现。

最后，高校学术委员会、教代会等校内组织自治，发挥其参与民主决策的积极性。

总之，《中国教育改革与发展纲要》确定的"政府宏观管理、高等学校面向社会依法自主办学"的高等教育体系格局，确立了高校依照法律，在合理界分高等教育的三种权力要素——政治、市场与学术范围的基础之上，形成以政府宏观管理、市场微观运作与高校自主办学三元并立的格局，以法治保障权力格局的和谐与稳定，保证主体权利的获得与实现。高校治理在确保高校正确发展方向上寻求政府权力与社会参与的外部治理和高校内部治理相结合的范式，以达到权力制约与权利保障之衡平，激发高校改革与发展活力，提升高校社会竞争力，促进高校有序而和谐发展。

（二）高校法治

"法治"是一种源远流长的意识形态、治国方略和社会文化现象。在不同的场域或语境下其含义各有不同①。对高校这一特殊教育组织而言，除了需要法治功能的一般意义外，更有其内在的特殊要求。不仅高校内部治理结构及其各机制的合理运作需要一种理性的调控手段，而且高校的外部管控与参与也需要一种理性的方式来引导。不仅高校的教育教学行为和科学研究行为需要制度的规范，而且高校的治理活动即决策与实施活动亦需要制度的规制。不仅高校改革与发展需要法治建构一个稳定和谐的外部环境，而且高校改革与发展的内在活力与目标达成亦需要法治构建一个稳定和谐的内部秩序。不仅高校的四大功能的实现需要根据自身和市场实际选择其法治价值理念，而且高校价值选择和功能实现之间的冲突与对抗更需要法治价值的衡平。不仅高校自主权需要法治手段加以维护从而避免政府或外部势力的侵扰，而且高校内部主体权益需要提升至法治保障的层面才能得到充分的实现。

高校法治，由来于"依法治校"，但有别于"依法治校"①。在学界和实务界均未达成共识。吉林大学博士王立峰[3]从宏观和微观两个层面进行了探讨，从宏观层面而言，"高校法治"主要指基于法治理念的普及与法治实践的深化，高校领域法治化实践和理论的生成形态。从微观层面分析，"高校法治"是指法治理念在高校领域的具体化，它以高校为法治施行的具体场景，综合考量教育活动和高校组织的特点，以制度和价值为手段对高

---

① 2003 年教育部出台了《关于加强依法治校工作的若干意见》和《教育部办公厅关于开展依法治校示范校创建活动的通知》两项规定，明确提出了依法治校，成为高校改革的首要任务。但是依法治校仅仅是高校法治的手段和过程，并未完全体现高校法治的理想和目标。依法治校侧重强调根据有关法律法规的要求对高校的各项事务进行管理。依法治校是高校法治建设的制度建构前提，也是实现高校法治的动态过程。

校内外部多元主体所涉及的管理活动和教学活动进行法律调整，使各项活动纳入法治的领域。采取这一界说，包含了政府主导的在教育系统中居于最高层级的组织这一公立性高校的内外部关系而产生的治理活动所涉及的平衡多元利益主体权力（权利）职责（义务）之制度与价值构成，进而建构治理之法治规则、合理配置高校各项运作机制。

高校法治，有别于"依法治校"之工具主义倾向。高效法治针对的主体是一个包含极为广泛的范畴，既涵盖教育行政人员、教师、学生以及相应机构或组织等校内多元主体，又涵盖了政府（教育主管部门）、社会参与者、中介组织等校外多元主体。对多元主体之法律关系即权力职责或权利义务关系进行制度设计以调控多元主体之行为（即高校治理行为，既有政府的管控行为，又有校内教育教学与科学研究行为，还有社会参与者行为）即法治化，以达到多元主体既彼此独立，又彼此依赖、彼此制约、彼此合作，权力职责或权利义务内容之形态表征为双向互控的多重互控关系，以实现多元主体间的和谐共进，共同发展，从而推进高校的发展。

（三）高校治理法治化

高校泛指对公民进行高等教育的学校，其功能在于培养人才、科学研究、传承文化、服务社会，而教育是其基本活动和主要载体，既体现教师的教与学生的学之间的互动性活动，又反映出学校管理者与教师和学生之间利益诉求的互动性活动，还体现出政府、社会与高校之间管控的互动活动。这些互动活动即行为，可以通过多种手段与方式进行规制，可以是道德伦理、国家政策或内心信念方式，但较之前述方式，法律更能实现教育的功能，因为法律规范以其明示性、指引性、评价性、预测性、教育性、强制性等特点为教育活动的实现设定规范，更易保证教育的发展方向，更易提供外部和谐有序的教育环境，更易保障教育目的的实现。因而，法律与教育的结合是教育活动的内在要求。

高校是一个组织化的社会系统，组织是高校存在的基本形式。根据

《现代汉语词典》，组织是指按照一定的宗旨和系统建立起来的集体。依据组织理论，组织是指为了达到一定的社会目标，执行一定的社会功能而有意识地组织起来，以一个相对独立单位存在的社会群体，有其治理结构和为了实现治理结构之功能而外化的特定行为。治理结构及其外化的特定行为需要存在与维系并确保目标的实现，则必须以制度和价值作为其规制内核，法律规范本身兼具有制度与价值内涵，比道德、信念等方式更加能够保障组织机体的良性运作。高校治理结构及其治理行为的法治化，成为高校这一组织体存在与运作的良好保障，能够实现高校领导与决策的科学性和权威性，能够实现高校权力与权利制衡，能够满足多元利益主体民主参与学校治理的合理诉求，以促进多元利益主体沟通与交往的高效性与协调性，保证政府管控与教师学生及社会人士或组织参与的民主化与集中化，促使高校教育活动走向规范化与民主化。

二、检视：高校治理结构及其运行机制对法治高校建设的障碍

（一）高校从属政府而限制了高校自治权的发挥

市场主体地位独立、意思自治是竞争的基本要求，1998年，《中华人民共和国高等教育法》（以下简称《高等教育法》）虽然赋予了高校独立法人地位，但实质上法律文本上的高校办学自主权并没有转化为现实中的办学自主权。在政府与高校的关系上，两者仍然属于管理者和被管理者的上下级关系，而不是平等的契约关系。突出表现在：一是政府通过一个等级结构（各级政府或部门）自上而下进行隶属管理，高校的设立、经费来源、专业设置、招生计划等，均遵循政府指令办事，即使30余年持续不断的高教体制改革也没有从根本上改变政府在举办、管理和评价公立高校过程中的政事不分、管办不分、管评不分的混乱状态。政府不但是办学的主体，还是教育规则的制定者，不但是管理的主体，还是评价的主体，决策、执

行、监督一体化，相当于既当裁判员，又当运动员，还是解说员。这种现状带来的结果必然是缺乏公信力，缺乏说服力，缺乏相互监督和相互制约，教育发展失去动力和活力。这无疑是与《高等教育法》赋予高校办学自主权的规定相背离，抵消了高校在市场竞争中面向社会进行特色办学的努力。二是政府应尽的职责不到位，而管理上管得过多、过死，突显管理权力的不公和傲慢。这导致高校自治权的弱化甚至势利化。

（二）高校的内部治理结构阻碍了法治高校建设

按照通说，高校内部治理结构表现为学校管理者的行政权力系统、教学科研人员及其组织的学术权利系统和学生个人及其联合行使的学生权利系统。一般意义上，现行行政权力系统的行政指令管理对学术权利系统和学生权利系统积极性与创造性造成严重制约，民主治校、科学决策之规的法律法规规章被自觉或不自觉地忽视和违背，泛行政化是其重要原因。

一是高校独立的法人主体地位在高校与师生关系上并没有真正确立。一方面，《公司法》规定的公司法人制度，公司与职员之间是一种法律意义上的委托代理关系，职员的职务行为由公司享有和承担，因而职员的身份性、认同感、荣誉感、成就感与公司同命运、同享受。《高等教育法》虽然也规定了高校的法人资格，但高校与其教师和学生在成就感、荣誉感、认同感等诸多方面与公司差距甚大，教师和学生的个体特性更加张扬和自由，所担义务与责任极少，这是极为不匹配的。另一方面，教师与学生的自治权往往被干预、漠视甚至被剥夺或者越俎代庖，其合法权益受到来自各方主体不同程度的侵害。这固然有立法滞后而高校自身的规章制度又不规范或不合理的原因，更主要的是人们忽略、不认真对待甚至侵害教师和学生应有合法权益造成的。

二是高等学校党委领导下的校长负责制并没有厘定清晰。理论上，党委的职责和校长的职权不清。实践中，运行就更是变样①。高校党委会是实行"集体领导、民主集中"与"集体决策""个人分工负责"相结合的权力运行机制。校长权力的运行机制是校长在充分听取全体与会人员意见后享有作出最后决定的"首长负责制"的权力运行机制。根据高等教育法及高校基层组织条例的规定，高校党委会的权力是比较广泛的，包括负责组织领导、思想领导和政治领导，负责讨论决定学校基本管理制度、教学科研行政管理事务、组织机构设置及负责人的选拔、任命、教育、考核和监督，负责领导工会、共青团、学生会及基层民主党派组织与思想品德教育活动，拥有了高校的各级各类人、财、物的管理权②。而校长及校长办公会或校务委员会之间出现权力边界不清、职责重叠、摩擦甚至不和谐的问题。即使出于权力制衡的考量，设计了相关制度，但是，权力及其权力制约在实际运行过程中没有按照已有的"制度""法规""规则"设计的规则、程序、路线运行或者没有既定的制度、规则、法规可依的非制度化运行问题突出，主要表现在决策权与执行权问题、书记与校长权力界限问题以及权力制约文化问题、法治与人治的博弈问题、决策中学术立场与行政立场的矛盾问题等。

三是高校"公权力"异化与"私权利"弱化的矛盾突出。高校党委、校长以及职能部门的权力常称为"公权力"，而代表高校特性的"学术权利""监督权利"常称为"私权利"。按照卢梭的社会契约理论，"公权力"与"私权利"原本是一种"委托代理"和"契约"关系，是"公权力"对"私权利"负责和监督制约的关系。但在实际运行中，却发生了异化，"公权力"主体如党委（政治权力）、校长及校行政权力机关（行政权力）演变

---

① 在部分党委书记看来，自己是党委会的"班长"，是名副其实的领导班子"一把手"。党委书记在实际行权中也是尽可能多的控制关键领域的决策权和领导权，要求校长对其负责，以免自己被"集体的名义"架空。但是在校长的立场，校长认为自己是学校法定的法人代表和学校行政"一把手"，并且作为党委委员与党委书记之间是平等的委员关系，不存在负责关系，校长工作的负责关系主要是校长和党委会之间的负责关系。参见张晓冬：高等学校内部权力制约机制研究［D］.华中科技大学博士学位论文，2013 年。

② 参见《中国共产党普通高等学校基层组织工作条例》（2010 年修订）第三章第十条。

成了"授权主体"，与"私权利"主体如教师、学生及其学术委员会、教代会、学代会之间形成了授权委托关系，当然难以构建起有效的权利制约权力的运行机制。"公权力"独揽决策权、执行权与监督权力于一体，控制着学校内部的人、财、物的主要配置权力，己在大学内部形成顶层权力制约监督的"真空带"。而学术委员会、教代会、学代会的权利被弱化甚至虚化，教师和学生参与决策的权利给予流于形式的满足或者被剥夺，"权力与权利关系的严重失调和异化使制度设计的'决策权、执行权、监督权'相互制约的体制机制设计在实际运行中已变成'议行合一'的权力运行机制"[4]。

四是高校行政机构设置、职责划分及运行错位阻碍了法治高校建设。高校机构设置中的负责人，由于分配制度设计和边际效应的影响，主要是有一定职称和学历的专家学者来充斥，存在的"双肩挑"行政人员在决策过程中，往往通过变换"身份"行使手中的权力，使决策结果向着有利于自身利益的方向发展，存在打"擦边球"的现象。这与高校内部治理结构安排有关系。

五是高校学术权力虚化或错位为行政化。虽然高等教育法对学术委员会行使学术权力有规定，但显得较为薄弱，且对其具体的运行机制、产生方式、权力效力以及与其他权力的关系却没有明确规定，导致高校学术委员会权力趋于虚化或者行政化运作。而以教师和学生为代表的学术权利主体的权力被忽略。

（三）高校的内部治理机制运行欠佳阻碍了法治高校建设

一是高校内部绩效考核机制的缺陷。绩效考核是一项综合性很强并具有复杂性、制度化、透明化的系统工程，目前处于高校各自探索多而政府指导推动少的境域，普遍存在考核内容不健全、考核方法不完善、考核指标模糊甚至不公平等现象，从而影响着高校教职工的工作积极性与创造性。

二是高校激励机制的效力弱。高额奖学金能吸引优秀生源、高额薪酬能吸引一些高级尖端人才，但是现有的分配制度又使高校的分配在遮遮掩掩中抛出"绣球"，效果不大。而目前对学生和家长来说，以学费等相关费还不是其用来考虑选择高校的主要因素。重人才引进而轻内部在职教职员工的激励，往往打击和削弱了在职员工的主动性与创造性，剥夺了在职员工合法权益。

三是高校内部治理的民主性欠缺。高校教师、学生等相关利益主体对于学校治理享有治权，而不仅仅是那种空泛的监督权。《高等教育法》确定的党委领导下的校长负责制强调民主治校，但在实践中，由于实行民主集中制原则对"三重一大"进行表决的机制，容易导致以个人意志代表组织意志，将党委领导下的校长负责制蜕变为党委书记领导下的校长负责制度这种现象。特别是在党委书记治校无方的情况下，校长负责制则更容易演变成名副其实的校长"一言堂"。虽然有着学术委员会、教职工代表大会等组织，但只限于知情权、审议权、建议权等几项有限的权力，并无决定或参与决定学校事务的权力①。学生就更没有任何依法参与学校管理的渠道和方式，也没有任何话语权了。

四是高校运行效果彰显力滞后。高校肩负培养人才、科学研究、传承文化和服务社会的重要职能，而这些职能的发挥和成效的取得，需要比较长的时间才能得以显现，因而急功近利的短期办学效益较受重视，而思考

① 由于教代会运行规则等规章制度建设的不完善和滞后性，高校教代会的运行存在流于形式的现象，教代会还没有充分保障广大师生的"知情权、咨询权、评议权与监督权"等权利的充分行使。而造成以上现象的原因主要有：（1）教代会的性质与功能仍具有一定的模糊性。2011 年修订通过的《学校教职工代表大会规定》第一章第三条规定教代会是"教职工依法参与学校民主管理和监督的基本形式"，似乎主要是从机制的层面定性教代会的性质。而在第二章第七条又分别赋予教代会三项"听取"权、一项"讨论通过"权、一项"审议"权、一项"评议"权和一项"监督"权。似乎又将教代会定性为大学的权力机构。性质的模糊性势必影响教代会功能的发挥。（2）教代会究竟在监督谁的权力似乎不太明确。教代会既是在校党委的领导下开展工作，又是在作为学校法人代表的校长的管理下开展工作。教代会究竟在监督谁的权力，和大学的哪些权力之间存在授权委托关系，以及有没有授权委托关系是不明确的，也难以界定。因为教代会不具备选举校长、选举学术委员会代表等的权利，选举权的缺失导致教代会名义上所应享有的监督权就难以落实了。（3）教代会运行存在行政化问题。参见：学校教职工代表大会规定 [EB/OL]. http：//www. moe. gov. cn/publicfiles/business/htmlfiles/moe/s6008/201201/129216. html.

长远性的、有着规范性的法治治理的视域下的运行规范往往被束之高阁，而转向能取得立竿见影之效果的行政思维和行政方式去获取社会效益和经济效益。

（四） 高校法制化问题突出

高校作为公益性社会组织和独立法人组织地位，有着自身法制系统规则的规范，包括宪法规范、教育基本法规范、高等教育法和教师法规范、高等教育行政法规范以及部门规章和地方性规章，是高校自治最为普遍和经常的法律依据，也是实践中司法和执法活动中最具执行力和操作性的规范依据。但是这些法律法规本身的缺陷和现有法制还不能很好地满足高校发展需要之间的矛盾还十分突出。

一是高等教育法有待于完善。一方面，高等教育法虽然对学校内部党委会、校长及学术委员会和教代会的职责与基本关系作了简要规定，但没有明确各权力主体在具体操作中的程序关系、规则依据等内容；另一方面，高等教育法没有明确其自身修订完善的程序、修订和解释的主体或组织机构，也没有声明高等教育法与高校内部各项规章制度、议事规则之间的关系。这既给高等教育法本身的完善程序造成不确定因素，也给高校内部法则（主要指大学章程、各项议事规则）制定的法律程序、法律效力等方面带来不确定因素，从而各校章程、内部规则制定的法律依据、修改程序、解释权等规定五花八门、模糊不清[4]。

二是实践中亟待规范的高校法制缺位，如《学校法》《学生法》《教育经费法》《成人教育法》等。

三是现有的法律法规参差不齐，配套性不强，尚未构建起有机的整体，内容相对又比较笼统，且过于偏重于权力的设定，对于权利内容规定相对比较匮乏，责任性条款规定不明，法规之间抵触或冲突较为严重，执行力度较差。在立法权限和程序方面不规范，在权责利益分配上不清晰，往往原则性规定较多，操作性不强，从而导致校内规章制度缺乏明确的法律依据。即使有上位法的规定，校内规章与法律法规相冲突的事也常常出现，如某重点高校的《学生管理办法》规定，"为保障学生的人身安全，学生不得无故随意出校"，这直接与宪法所赋与公民的人身自由权相抵触。

四是高校内部治理制度连续性、稳定性不强。首先，高校领导的行政任命制自然受制于地方党政领导干部任命制，导致任职周期短（一般为 4 至 5 年），难以有效贯彻实施校长治校方略，从而导致学校规章制度稳定性、可预测性不强，有时甚至存在朝令夕改的情况。其次，高校虽然有《高等教育法》《学籍管理办法》等法律法规之治理依据，但是由于其本身的原则性、概括性和滞后性，难以很好地适应高校发展的需要，从而导致高校治理制度各自为政，但又受行政管控，因而又很难使其治理制度保持稳定性和长期性。

五是高校法治前提和基础的"大学章程"缺失，即使有，也是大同小异，在内容上没有将高校民主自治的重大、基本事项予以明确和规范，没有个性和特色，往往是出于应对教育主管部门的需要。在实施上，其效力基本上形同具文，很难或很少援用章程，更缺乏针对管理者的违反章程的审查机制和诉讼渠道，往往导致自治范围内的争议社会化、司法化，彰显了高校治理法治化的虚无与淡化。

三、建议：完善高校治理法治化的思路

高校治理法治化的关键在于通过规范内外部权力（权利）与职责（义务）的对应关系，重构政府管理权力与高校办学自主权及其内部法人治理，为高校的规则之治奠定坚实的制度基础及保障。

（一）高校治理法治化的目标选择

高校治理法治化，以忠诚党的教育事业为指向，坚持以人为本，全面贯彻法治精神与理念，依照高等教育法律法规之规定，协调政府、市场与高校之间的关系，兼顾多元利益主体的权益诉求，契合高校治理实际，构建社会主义市场经济体制下的高校治理模式与运行机制，推进高校治理的民主化、科学化和规范化，从而保证高校的全面协调可持续发展。

（二）高校外部治理结构的法治化

政府与高校关系的法治化，关键在于政府是否切实地依法治教，尊重和保障高校的办学自主权。政府与高校的关系直接规定着高校自治的空间和界限。高校内部不同性质和地位的权力（权利）都与政府权力对高校的作用方式、范围、程度及效果密切相关甚至互为因果关系，这不仅是我国目前现状的真实写照，也是构建高校治理法治化的现实环境。依据政府职能转变，由现行的"政府—高校"二元结构向"政府—教育中介组织—高校"三元结构的转变，推进管办评分离。因而，在法律规制上，必须完善各利益主体的权限与职责。

一是政府权力法治化。根据教育发展和治理之本意，政府权力法治化，就是要建立政府对高校治理权力边界清晰、权责匹配与明确、相互制约、执行有力、接受监督的国家公共教育行政权力配置机制，因而政府的权限主要在于高等教育发展规划权、高等教育机构设立合并撤销审批权、高等教育教学质量监督权、高校审计权、高等教育指导建议权、大学生就业指导权、教育纠纷调解仲裁权。根据政府职能转变要求，实现从以管理为中心向以服务为中心转变，实现由单纯的行政管理向综合运用法律、规划、政策、公共财政、信息服务等积极引导和支持学校发展的转变，把有利于高校自主权发挥的权力如人事管理自主权、自主招生权、财政教育经费和合法募集的教育经费的自主使用权等放权给高校，以激发高校的办学活力。

二是中介组织权力法治化。高等教育中介组织参与高校治理是高校发展的必然要求，是完善高校外部治理结构的关键环节，应在《高等教育法》中明确高等教育中介组织之独立社会法人的法律地位，依照法律法规独立行使职能，对自己的行为后果负责。

三是高校权利法治化。高校的法人主体资格及其权利与义务在《高等教育法》等相关法律法规规章中有了明确的规定，如教育活动开展自主权（包括学科设置权、招生自主权、教学组织权、学术评价权、学历发放权、机构设置权、人员编制权，等等）、财产与物资自主支配权、民事法人权利等，但是需要完善高校权利救济制度：一是高校民事权利救济制度，即完善高校与平等民事之主体之间权益救济渠道；二是高校行政救济制度，即完善教育行政部门等政府及其部门对高校合法权益侵害的救济渠道。

（三）高校内部治理结构的法治化

高校内部成员的利益诉求正伴随社会化程度的加深而日益呈现多元性，纷繁复杂的利益关系的妥善处置呼唤着高校治理的法治化。因为高校"是多元利益相关者共同控制的组织，不同的利益相关者在高校有着不同的利益诉求，并且通过不同的途径（方式）对高校产生影响"[5]。这是由高校的多元属性和利益主体的多元性双重因素决定的：学术属性要求高校建立一个自由开放、宽容民主的学术环境，允许各种思想和观点交流碰撞，使知识不断传承和创新；行政属性要求高校建立一套公平合理、公开透明的管理机制，以人为本地开展教学管理和行政服务，使高校运行平稳有序；产业属性要求高校以经济考量为出发点，面向市场参与竞争，更大效率地获取经济资源，为高校发展提供物质保障[6]。因而，健全校内治理结构，进一步完善"党委领导、校长负责、教授治学、民主管理"体制机制，使校内各利益相关的行为主体的积极性都发挥出来，并且相互协调。

一是高校政治权力与行政权力法治化。权力与权利制衡是高校治理法治化之价值内核。因为"权力在社会关系中代表着能动而易变的原则。在权力未受到控制时，可以把它比作自由流动、高涨的能量，而其结果往往具有破坏性。权力的行使，常常以无情的和不可忍受的压制为标志；在权力统治不受制约的地方，它极易造成紧张、摩擦和突变。再者，在权力可以通行无阻的社会制度中，发展趋势往往是社会上的权势者压迫或剥夺弱者"[7]。在高校内部治理结构中，党委拥有政治领导权，校长及其办公会拥有行政管理权，教授拥有学术自治和学术评价的权力，教师和学生拥有依法监督权和民主参与权……这些同样需要运用恰当的制约手段来实现权力制衡：畅通的学生与校方沟通机制，建立监督机制，通过学生来监督教职、教辅人员；明晰的权职划分，通过各部门之间的制衡与协调来限制行政权力；明确的责任追究机制等。通过限制权力来保障校内各主体权益①，提供行之有效的权利救济机制。《国家中长期教育改革和发展规划纲要（2010—2020 年）》和《国家中长期人才发展规划纲要（2010—2020 年）》取消行政级别仅仅是完善内部权力制约机制的第一步，而最主要的是实现"决策权、执行权和民主监督权"的合理分权，形成有效的权力制约机制。这样的高校权力制衡机制可以有效防止权力滥用的情况，保障高校的正常运作。

教育部颁发了《关于进一步推进直属高校贯彻落实"三重一大"决策制度的意见》（教监［2011］7 号）政策文件，提出"凡属重大决策、重要人事任免、重大项目安排和大额度资金运作（简称"三重一大"）事项必须由领导班子集体研究作出决定"的要求。这实际上是一项有利于厘清党政权限，提高校党委会战略领导力的举措。因而，建议通过行政立法明确规定高校党委会在保留组织、政治、思想领导权力的同时，应主要保留对学校"三重一大"决策事务的批准权、重要职能部门负责人选的任命批准权和问责权，以及学校重要规章制度的核准权和中长期发展战略规划审议通过权。而校长及校长办公会或校务委员会则享有全面经营学校的各项权力，如学校发展规划制定权、协同学术委员会享有院系组织机构调整权、学科发展规划权、副校长提名权和校级以下行政干部遴选任命与解聘权，以及学校资源配置权。同时，校长还应享有法人身份的涉外权力，保证校长"人、财、物"的资源配置权力，使校长享有的权力与校

---

① 依照宪法、教育法、教师法和高等教育法等相关法律法规，高校内部主体的权利包括高校组织权利、高校行政人员权利、教师权利、学生权利。

长承担责任相一致，做到权责统一。

二是学术权力法治化。高校学术具有探究性、自由性、自主性与学科性，其学术影响力越大，表征其学术权力越强。高校需要营造学术自治、学术民主与学术自由的良好氛围，而此氛围的营造依赖于权力的张力和作用，需要权力配置。学术研究的有效运作依赖于良好秩序与稳定的环境，而良好秩序的构建依赖权力的保障。正如孟德斯鸠所言，"一切有权力的人都容易滥用权力，这是万古不易的一条经验。有权力的人们使用权力一直到遇有界限的地方才休止"[8]。因而学术需要学术权力的制约与监督。根据高等教育法第四十二条规定，"高等学校设立学术委员会，审议学科、专业的设置，教学、科学研究计划方案，评定教学、科学研究成果等有关学术事项"。建议运用法治构建和谐的学术外部环境，给予学术权力自主发展；对学术委员会具体的运行机制、产生方式、权力效力以及与其他权力的关系通过修订高等教育法或者采用相应的行政立法予以明确规定，并充分保障教师和学生为代表的学术权利主体的权力，赋予学术委员会最高学术决策权力、重大事务参与决策权、违反大学章程否决权、教学科研人才引进审核决定权力、科研项目与人才培养经费及学科发展与院系组织机构调整的有限决定权，以树立学术权力主体的权威性和自立性；与此相关，建构制度规治学术权力，避免学术权力异化与腐败。

三是教师权利法治化。教育科研活动是高校两大根本性活动之一，教师是主体，享有法律法规规定的权益，如教师享有教育教学权、科学研究权、学术自由权、教育培训权、学生评价权、民主建议权、获取工资报酬与福利待遇权、奖励表彰权以及相应的民事人身和财产权利。但是，由于《中华人民共和国教师法》（以下简称《教师法》）把教师定位为具有行业性的专业人员，但教师法律地位并未明确；教师编制属于事业型人员，却偏重于按照国家公务员模式管理；校内实施教师编制，又注重教师与学校的契约关系，把教师权益纳入民事合同管理，进而适用《合同法》和《中华人民共和国劳动法》《中华人民共和国劳动合同法》；依据现有法律体系，虽然教师的相关权益受到侵害有其救济渠道，但是针对教师学术性权利、民主性权利等受到侵害却无救济办法与措施。为此，需要通过立法或者修法等途径与措施，明确定位教师法律地位，细化教师权利，畅通权益救济渠道。

四是学生权利法治化。依照《教育法》《高等教育法》和《普通高等学校学生管理规定》等法律法规，学生享有受教育权等权利，涵摄了政治、经济、文化外部张力与主体自身内在诉求两方面的内容，学生权利包括教育法律关系下的权利与非教育法律关系下的权利，体现出学生权利的多重性和竞合性。前者常指 2005 年 9 月施行的《普通高等学校学生管理规定》明确规定的学生权利①。后者是宪法、民法、行政法等领域调整的法律关系而享有的公民基本权利。高校教育教学活动中凡是涉及学生权益的均应依法律法规予以审查其合法性和合理性，若发生多元主体利益冲突时应以学生权益保障为本位。为此，需要通过立法或者修法等途径与措施，准确定位学生权益，使法律法规配套并相互衔接，相互配合，明确规定学生申诉与诉讼事项，畅通学生权益救济渠道。

五是教育行政人员权利法治化。教育管理活动是高校两大根本性活动之一，主体是教育行政管理人员，应享有相应的权益。但是，教育行政人员处于公务人员、教师与雇佣劳动者之外的尴尬境地，其权利不明确。按照高校现实行政人员的工作职责和所供职的部门，又不能忽视其力量，他们有着十分重要的作用。鉴于此，需要通过立法或者修法等途径与措施，明确定位教育行政人员的事业单位行政人员和公务员行为管理双重法律地位，明确规定其公务员权利和一般公民权利，针对"双肩挑"教育行政人

---

① 2005 年 9 月施行的《普通高等学校学生管理规定》明确规定的学生权利："学生在校期间依法享有下列权利：（一）参加学校教育教学计划安排的各项活动，使用学校提供的教育教学资源；（二）参加社会服务、勤工助学，在校内组织、参加学生团体及文娱体育等活动；（三）申请奖学金、助学金及助学贷款；（四）在思想品德、学业成绩等方面获得公正评价，完成学校规定学业后获得相应的学历证书、学位证书；（五）对学校给予的处分或者处理有异议，向学校或者教育行政部门提出申诉；对学校、教职工侵犯其人身权、财产权等合法权益，提出申诉或者依法提起诉讼；（六）法律、法规规定的其他权利。"

员，应根据其行为性质和职责要求实行不同的权利定位，并畅通教育行政人员权利救济渠道。

（四）高校治理规则与运行机制的法治化

日本学者仲新和持田荣一[9]指出，"教育制度是教育的机关及功能，依据法规并以社会传统或教育观为基础而成立或发展的教育组织，教育制度即教育政策凭借法规而具体化的设施"。高校治理法治化的制度构建，要求高校法制健全与统一、规范合理且有效，通过高校教职员工的认知、认同，确保有法可依、有法必依、执法必严、违法必究之法治要求。

一是制定和完善高校法律法规。高校法律法规规定着高校的政府管理制度、社会参与制度和高校内部管理制度，并据此制定高校内部的管理规定与办法。在此立法模式下，高校法律法规与高校办学自主权的矛盾便不可避免。高校法律法规规定了高校权利但无权利救济措施与程序。于此，本着以保障高校办学自主权之目标，提升高校办学竞争力，建议修改完善现有的教育法律法规并畅通其执行力和强制力；制定《学校法》《学生法》《教育经费法》等配套法律法规，赋予高校一定的自主制定和完善校内规章制度的权利；完善权利救济机制，构建权、责、利相统一的法律实施环境。

二是制定和完善高校章程是高校治理法治化的一个先决条件和关键环节。章程是治理的依据，治理以章程为导向。因此，要把以高校治理结构为核心内容的大学章程建设成为领导高度重视、社会广泛关注、高校普遍认可的大事，并将其作为实现办人民满意的高等教育的前提和基础[10]。高校与政府之间的权力和权利关系、高校内部的治理结构，均需要用高校章程来统筹规划。高校章程是高校的规范性法律文件，高度重视和完善高校章程是高校治理法治化的重要内容。高校章程不仅是《中华人民共和国教育法》《教师法》《高等教育法》等法律法规所赋予的包括组织实施教育教学权、科学研究权、机构设置权、招收学生权、聘任教师权、教育管理权、经费使用权等办学自主权的具体化、制度化、规范化，而且是高校内部民主自治和科学管理的各主体权力与职责、权利与义务的"根本大法",是高校法治的基础和前提,是高校自身合法性的依据、标志和保障,同时细化着高校的权利与义务,因而制定和完善高校章程是高校治理法治化的一个先决条件和关键环节。根据 2012 年教育部颁布实施的作为章程制定的指导性文件的《高等学校章程制定暂行办法》,规定了大学章程是学校内部各项规章制度及规则制定的依据,厘清了校内外各项法律规则的关系。但大学章程的法律性质还有待于进一步厘定①。

三是民主决策是高校治理法治化运行机制中的基础条件。民主决策能有效地保障高校各利益主体成员都享有平等参与的权利,因为民主决策不仅是《高等教育法》赋予高校的职责,也是高校的多元性质决定的,而且民主决策本身也有着正当性和合法性的基础。民主决策的过程吸收了高校中的不同利益诉求主体或其代表参加,在充分陈述和交流基础上对需要遵循的价值和需要衡平的利益作出抉择,最终达成共识,形成大家共同遵守的具有科学性、合法性或合理性的制度规则,以最大程度地满足最大多数利益主体的利益需求,亦能够在实施中得到最大的支持可能,从而确保制度规则得到有力的遵守和执行。在高校民主决策实践中,教代会是教职工民主决策的代表组织,学代会是学生参与高校民主决策的代表组织,由于这"两会"的产生、性质及决策权力的效力所限,却很难发挥其作用。因而民主决策的法治化就主要是教代会、学代会参与学校民主决策的法治化,建议修订相关法律法规,明确"两会"是高校广大教职员工行使民主管理与监督权力的一项基本制度,制定和完善其运行的各项规章制度,明确其代表的权力,保障其制度的法律效力。同时赋予教代会民主选举和提请解职权力主体的权力。此外,还要明确"两会"代表的资格、选举产生的程

---

① 从《高等学校章程制定暂行办法》来看,大学章程的性质似行政法构成,但是按照《高等教育法》和《高等学校章程制定暂行办法》规定以及章程最终报送教育部审核备案的要求来看,大学章程又像是大学自治契约。此外,高校是政府公共机构还是独立法人社团的问题,也涉及大学章程制定效力。

序，以及"两会"的常规工作内容和形式。

四是完善高校教育执法机制。"徒法不足以自行。"法治的生命力在于它在社会生活中的具体实施。高校执法分为外部和内部执法，有着行政性、职权性和监督性的多重性质。外部执法为各级教育行政机关遵循法定程序贯彻与实施教育法律、法规的活动。内部执法为高校依据相应程序要求贯彻实施教育法律法规和内部规章制度的活动。鉴于高校教育执法的现实窘境，必须通过法治来规制教育执法的偏差甚至疏漏：一是扭转教育执法重政策而轻法律法规的现象，把教育执法的政治化运动回归到契合教育规律本身的监督检查与问责上来；二是合理赋予教育执法权力和管、执分离机制，构建正当执法程序，力避教育执法的不公开、随意性强，暗箱操作现象；三是构建执法主体的自我监督、自我约束机制和外部监督制约机制与责任追究机制；四是构建畅通的教育执法救济机制。

结语

虽然依法治校导引着高校法治建设径路，但高校治理法治化有高校发展内在的、自主的必然选择，也有外力的驱使。虽然高校治理法治化以正义、自由、平等、公正、安全、生存、秩序等作为价值取向，回应了社会与民众对教育的公平与正义的期望，但是高校治理法治化只是高校治理的保障，是一种以法律作为其制度化指向的价值取向、治理手段，只是高校解决矛盾与问题的一种方法上的选择，并非"万能"。因为法治对于高校治理发挥着正能量，确保制度合法、程序公正、权利平等，但其负面效应亦存在，如对于学术评估和知识创新而言，法治的过多限制就会导致主体自主性和创新性的丧失。为此，在倡扬高校治理法治化过程中，引入伦理的、经济的、文化的甚至政治的治理方式与手段，多管齐下，方可达到共治的目的，实现高校全面协调可持续发展。

参考文献

[1] ［瑞典］英瓦尔·卡尔松,［圭］什里达特·兰法尔. 天涯成比邻——全球治理委员会的报告［M］. 赵仲强,杨荣甲,译. 北京:中国对外翻译出版公司,1995:2.

[2] 俞水,易鑫. 推进教育治理体系和治理能力现代化［N］. 中国教育报,2013-12-5.

[3] 王立峰. 高效法治研究［D］. 吉林大学博士学位论文,2006:32-33.

[4] 张晓冬. 高等学校内部权力制约机制研究［D］. 华中科技大学博士学位论文,2013.

[5] 潘海生,张宇. 利益相关者与现代大学治理结构的构建［J］. 教育评论,2007(1):15-17.

[6] 俞锋. 创新社会管理背景下高校法治运行模式的法理学思考［J］. 福建论坛(社科教育版),2011(10):53-54.

[7] ［美］博登海默. 法理学:法律哲学与法律方法. 邓正来译. 北京:中国政法大学出版社,1999:360.

[8] ［法］孟德斯鸠. 论法的精神. 张雁深译. 北京:商务印书馆,1987:154.

[9] ［日］仲新,持田荣一等. 学校制度. 雷国鼎等译. 台北:台湾"中华"书局,1972:2-3.

[10] 汪明义. 地方高校内部治理中必须处理好的十大关系［J］. 中国高等教育,2013(9):19-22.

后 记

　　党的十八届四中全会提出全面推进依法治国的总目标和重大任务，法学专业迫切需要进行顺应社会发展与需求的改革与探索。四川理工学院法学专业作为校级优势特色专业，开设 20 多年来，一直致力于针对西部基层特有的社会经济条件、法律运行环境和发展趋势背景下复合型、应用性法律人才的培养研究。自 2013 年 12 月四川理工学院法学专业被四川省教育厅批准立项为省级专业综合改革试点项目以来，创新法律人才培养模式，按照"卓越法律人才教育培养计划"的要求，紧密结合基层法治建设需要，充分发挥四川理工学院法学学科专业优势，应用先进的教学理念，利用地缘优势，探索适应地方理工科院校卓越法律人才的培养体系，将法学专业建设成为四川省独具特色的卓越法律人才的培养摇篮，成为地方理工科院校创新型、复合型的基层应用型法律本科人才的教育教学典范，更成为四川理工学院法学教学团队在不断思考和探索的课题。

　　本书是省级法学专业综合改革试点成果，也是四川理工学院法学专业教学团队及骨干教师对法学教育改革多年探索的心得。感谢各位法学专业教师多年来对于法治信念的坚持和对于法学教育的坚守，并特别感谢吴斌教授多年来带领团队为法学专业发展所做出的贡献，同时也感谢知识产权出版社编辑为本书出版付出的辛勤努力。当然，法学教育依然任重而道远，我们的探索正在继续，正如吴斌教授所讲，"我们在路上"。

江凌燕

四川理工学院厚德楼

2016 年 3 月 27 日